PETIT MANUEL

DU

CANONNIER,

OÙ

INSTRUCTION GÉNÉRALE SUR LE SERVICE DE TOUTES LES
BOUCHES A FEU EN USAGE DANS L'ARTILLERIE.

SIXIEME ÉDITION.

A PARIS,

CHEZ MAGIMEL, Libraire pour l'Art Militaire,
rue Dauphine, n° 9.

1815.

AVERTISSEMENT.

Dans les écoles d'artillerie, les détachemens destinés pour le service des différentes bouches à feu iront toujours au polygone en armes, à moins que le commandant en chef ne donne des ordres contraires.

On formera les détachemens avant de sortir du quartier, afin que chaque homme sache d'avance le poste qu'il devra occuper.

— La totalité de la troupe sera ensuite disposée sur trois rangs, et partagée en un certain nombre de pelotons, suivant sa force ; chacun de ces pelotons sera commandé par un officier ayant derrière lui, au troisième rang, un sous-officier de remplacement ; les autres officiers et sous-officiers seront placés en serre-file.

S'il y a huit pelotons, les quatre plus anciens officiers commanderont les pelotons impairs, et les quatre suivans, les pelotons pairs ; le même ordre sera observé pour les sous-officiers de remplacement, et les officiers et sous-officiers de serre-file.

La troupe sortira du quartier par le flanc, ou rompue par peloton.

En arrivant au polygone, on la mettra en bataille devant les faisceaux d'armes, et lorsqu'elle sera parfaitement alignée, on lui fera exécuter les commandemens suivans :

Demi-tour == *à droite.*

Présentez == *vos armes.*

Les armes == *aux faisceaux.*

Nota. Le dernier commandement sera précédé de l'ordre d'ôter les gibernes et de se mettre en vestes et en bonnets.

Les commandemens ci-dessus exécutés, on rassemblera les détachemens, et on disposera les hommes destinés pour le service des différentes bouches à feu, suivant l'ordre prescrit dans l'instruction relative à chacune d'elles.

PETIT MANUEL

DU

CANONNIÉR.

Instruction *sur le service du canon de siége et de place.*

Hommes nécessaires pour le service d'une pièce de siége, du calibre de 24 ou de 16.

PIÈCE DE SIÉGE.

Il faut pour le service d'une pièce de siége des calibres ci-dessus, huit hommes rangés sur deux files, l'une à droite et l'autre à gauche.

De ces huit hommes, deux seront désignés sous la dénomination de canonniers, et les six autres sous celle de servans,

SAVOIR :

2 Canonniers.

1**

2 Premiers servans.
2 Seconds servans.
2 Troisièmes servans.

PIÈCE DE PLACE.

Cinq hommes rangés sur deux files, l'une à droite et l'autre à gauche.

De ces cinq hommes, un sera désigné sous la dénomination de canonnier, et les quatre autres sous celle de servans,

SAVOIR :

1 Canonnier.
2 Premiers servans.
2 Seconds servans.

Armemens et attirails nécessaires pour lo service d'une pièce de siége ou de place, du calibre de 24 ou de 16.

6 leviers	pour la pièce de siége.	Trois de chaque côté, placés sur la plate-forme, parallèlement à la pièce, les petits bouts tournés vers l'épaulement, le bout de l'un à hauteur du milieu de l'autre, ceux destinés pour les premiers servans, en dedans.
4 leviers.	pour la pièce de place.	Deux de chaque côté, placés comme ci-dessus.
1 Écouvillon....		Placés sur deux chevalets à gauche, le refouloir en dessous.
1 Refouloir......		
2 Masses.........	pour la pièce de siége.	Placées une de chaque côté près l'épaulement.
2 Coins d'arrêt.	pour la pièce de siége.	Placés un de chaque côté contre l'épaulement.
1 Chapiteau...............		
1 Balai.................		
Des boulets..............		
Des bouchons.............		

Distribution des effets mentionnés ci-dessus de chaque côté de la pièce.

PIÈCE DE SIÉGE.

A GAUCHE.	A DROITE.
L'écouvillon.	Le chapiteau.
Le refouloir.	Le balai.
Trois leviers.	Trois leviers.
Une masse.	Une masse.
Les boulets.	Les bouchons.

PIÈCE DE PLACE.

A GAUCHE.	A DROITE.
L'écouvillon.	Le chapiteau.
Le refouloir.	Le balai.
Deux leviers.	Deux leviers.
Un coin d'arrêt.	Un coin d'arrêt.
Les boulets.	Les bouchons.

Supplément d'attirails nécessaires pour le service d'une pièce de siége ou de place, du calibre de 24 ou de 16.

Dégorgeoir......
1 Corne d'amorce.
1 Sac à étoupille.. } Portés par le canon-nier de gauche.

2 Coins de mire.. } Placés sous le premier renfort, aux pièces où la vis de pointage ne seroit pas encore adoptée.

1 Boute-feu.....
1 Gargoussier.... } Placés sur le derrière de la batterie, et dans l'alignement de l'affût; le boute-feu à 10 pas, et le gargoussier à 20, à commencer de l'aligne-ment des chevalets exté-rieurs.

*Observations sur la manière dont le déta-
chement destiné pour le service du canon
de siége et de place, doit étre conduit à
la batterie.*

On disposera les canonniers et servans de
chaque pièce sur deux files, l'une à côté de l'autre ; les premiers servans en première ligne,
les seconds servans en seconde ligne, et ainsi
de suite.

Si le détachement doit arriver par la droite
de la batterie, il aura la gauche en tête, l'inverse dans le cas contraire.

En entrant dans la batterie, tous les premiers servans du détachement marcheront sur
l'alignement désigné par les officiers ; chaque
file s'arrêtera sans commandement vis-à-vis de
l'emplacement qu'elle devra occuper à sa pièce,
et y fera face à celui de front.

Le détachement aligné, on commandera :

Canonniers et servans à vos postes = marche.

Chaque file marche droit devant elle pour
aller se placer à sa pièce dans l'ordre indiqué
ci-après, et s'y arrête sans commandement,

S A V O I R :

Pièce de siége.

Les premiers servans à un pas du heurtoir,
l'un à droite et l'autre à gauche.

Les seconds servans à un pas de distance des premiers servans, l'un à droite et l'autre à gauche.

Les troisièmes servans, à un pas de distance des seconds servans, l'un à droite et l'autre à gauche.

Les canonniers à un pas de distance des troisièmes servans, l'un à droite et l'autre à gauche.

Pièce de place.

Les premiers servans à un pas du heurtoir, l'un à droite et l'autre à gauche.

Les seconds servans à un pas de distance des premiers servans, l'un à droite et l'autre à gauche.

Le canonnier à un pas de distance du second servant de gauche.

Les canonniers et servans placés comme il est dit ci-dessus, on fera les commandemens suivans.

Front.

Tous les canonniers et servans font face à leurs pièces, les têtes tournées vers l'épaulement.

Approvisionnez ═ *la batterie.*

Le canonnier de droite aux pièces de siége, et le second servant de droite aux pièces de place, ôte le chapiteau, et le pose contre l'épaulement ; les autres servans rangent tous les armemens et attirails selon l'ordre prescrit ci-devant.

Toutes ces dispositions préliminaires achevées, on fera faire un roulement pendant lequel tous les canonniers et servans prendront leurs postes ; après quoi on commandera l'exercice.

AVERTISSEMENT.

Tous les mouvemens qui exigent un déplacement de la part des canonniers et servans, s'exécuteront au pas accéléré et avec la plus grande célérité.

Dans tous les cas, les canonniers et servans destinés à agir, s'ébranleront seuls, les autres resteront immobiles et dans le silence.

Exercice d'une pièce de siége du calibre de 24 ou de 16.

1. *Aux = leviers.*

Les six servans se baissent vivement, se saisissent chacun d'un levier, et se relèvent ensemble.

2. *Embarrez.*

Tournant le dos à l'épaulement, les premiers servans embarrent sous le devant des roues, les seconds servans dans les rais ; les canonniers se portent au secours des seconds servans, et se placent aux extrémités de leurs leviers, les troisièmes servans embarrent aux flasques près de la crosse.

3. *Hors* = *de batterie.*

Les canonniers et servans agissent ensemble et reculent la pièce autant qu'il est nécessaire, pour pouvoir charger avec aisance.

4. *Au bouton* = *à la masse.*

Les premiers servans calent les roues avec les masses et reprennent (sans quitter leurs leviers) la position qu'ils occupoient avant le recul de la pièce, les seconds servans embarrent sous le premier renfort, les troisièmes servans ne bougent; le canonnier de gauche se retire à son poste; le canonnier de droite entre dans le délardement des flasques, et dispose la volée de la pièce, de façon qu'on puisse aisément y introduire la charge, les seconds servans élevant la culasse pour faciliter le mouvement du coin de mire ou de la vis de pointage : il fait ensuite un signal des deux mains, auquel les quatre servans débarrent et reprennent, ainsi que lui, la position du premier commandement.

5. *Posez* = *vos leviers.*

Les six servans se baissent vivement, posent leurs leviers sans bruit et se relèvent ensemble.

6. *A l'écouvillon*, *bouchez la lumière* = *à la poudre.*

Le premier servant de gauche prend l'écouvillon et l'enfonce dans l'ame de la pièce, à l'aide du premier servant de droite; le canonnier de gauche bouche la lumière de la main droite ; le troisième servant de droite se place à la hauteur des chevalets extérieurs, et, au signal fait par le servant de la pièce de gauche, qui doit aller, comme lui, chercher la poudre, il se porte au gargoussier, le saisit de la main droite, et fait place à la batterie.

7. *Ecouvillonnez.*

Les premiers servans écouvillonnent en tournant l'écouvillon sept à huit fois au fond de l'ame, puis ils le retirent et le posent dans l'embrasure, le troisième servant de droite se porte à la batterie, remet la gargousse au premier servant de droite, en passant en dehors de la plate-forme, retourne à son poste et place le gargoussier derrière lui.

8. *L'écouvillon à sa place $=$ au refouloir.*

Le premier servant de gauche remet l'écouvillon à sa place, prend le refouloir et le porte dans l'embrasure.

9. *La poudre dans le canon.*

Le premier servant de droite place la gargousse dans le canon, et le bouchon par-dessus ; puis il saisit le refouloir à l'aide du premier servant de gauche, et tous deux enfoncent la charge.

10. *Refoulez.*

Les premiers servans foulent quatre coups

bien égaux, retirent le refouloir et le posent dans l'embrasure ; les seconds servans se por-tent à l'épaulement, celui de droite prend le bouchon, celui de gauche le boulet.

11. *Le boulet dans le canon.*

Les premiers servans reçoivent des mains des seconds, l'un le boulet, l'autre le bouchon, les placent, se saisissent du refouloir et l'en-foncent dans la pièce.

12. *Refoulez.*

Les premiers servans refoulent deux coups bien égaux, retirent le refouloir, et le posent dans l'embrasure ; les seconds servans repren-nent leurs postes.

13. *Le refouloir à sa place.*

Le canonnier de gauche ôte le doigt de dessus la lumière, le premier servant de gauche porte le refouloir à sa place, le premier servant de droite balaie la plate-forme, et tous reprennent leurs postes.

14. *Aux $=$ leviers.*

Comme au premier commandement; de plus les premiers servans décalent les roues.

15. *Embarrez.*

Faisant face à l'épaulement, les troisièmes servans embarrent aux flasques près de la crosse, les seconds servans derrière les roues, et les premiers servans dans les rais ; le canonnier de droite se porte derrière l'entretoise de lunette.

16. *En batterie.*

Les six servans agissent ensemble , le canonnier de droite veille à ce que la volée de la pièce soit conduite dans le milieu de l'embrasure.

17. *Pointez.*

Les premiers servans débarrent et reprennent leurs postes ; les quatre autres tournent autour de leurs leviers, les seconds embarrent en même temps sous le premier renfort, le canonnier de droite entre dans le délardement des flasques , et pointe , ayant la jambe gauche en avant ; la pièce pointée , il fait un signal des deux mains , auquel les quatre servans débarrent, et reprennent, ainsi que lui, leurs postes ; l'officier vérifie le pointement , et le rectifie si besoin est.

18. *Posez vos leviers.*

Comme au cinquième commandement.

19. *Dégorgez = amorcez.*

Le canonnier de gauche dégorge de la main gauche , amorce de la droite et retourne à son poste ; le troisième servant de droite prend le gargoussier de la main droite.

20. *Au boute-feu = à la masse.*

Les premiers servans font face à l'épaulement, tous les autres y tournent le dos, en se serrant vivement sur les canonniers, qui se placent en même temps à hauteur des chevalets extérieurs.

21. *Marche.*

Les canonniers, les seconds et troisième servans sortent ensemble de la batterie, le second servant de gauche s'arrête au boute-feu, le saisit de la main droite, l'appuie sur le bras gauche, et fait face à l'épaulement, les autres continuent de marcher, lorsque les deux canonniers sont arrivés sur l'alignement pratiqué derrière celui des boute-feux, ils font à droite et à gauche pour marcher l'un contre l'autre, à la distance de deux petits pas ; les servans se placent sur leurs flancs à mesure qu'ils arrivent sur le même alignement.

22. *Front.*

Les canonniers, les seconds et les troisièmes servans font face à l'épaulement ; le troisième servant de droite porte ensuite le gargoussier à sa place, et rentre aussitôt dans sa file.

23. *Boute-feu ⸗ marche.*

Le second servant de gauche se porte, selon le côté d'où vient le vent, à la gauche ou à la droite de la pièce ; à droite il tourne le dos à l'épaulement, et à gauche il y fait face ; le canonnier pointeur se porte à la droite ou à la gauche de la batterie pour observer son coup.

24. *Haut = le bras.*

Le second servant de gauche frappe du boute-feu sur le bras gauche, le porte le bras tendu ; les ongles en dessus, à quatre doigts au-dessus de la mèche de l'étoupille ou de l'extrémité de la traînée de poudre ; les premiers servans prennent les masses.

25. *Feu.*

Le second servant de gauche touche de son boute-feu la mèche de l'étoupille ou la traînée de poudre, le retire précipitamment dès que le feu prend, ayant attention de la ramener toujours du côté de la volée, la reporte aussitôt à sa place et rentre dans sa file ; les premiers servans calent les roues au départ de la pièce, et restent à leurs postes, en faisant face à l'épaulement.

Exercice d'une pièce de place, du calibre de 24 ou de 16.

1. *Aux = leviers.*

Les quatre servans se baissent vivement, se saisissent chacun d'un levier, et se relèvent ensemble.

2. *Embarrez.*

Tournant le dos à l'épaulement, les premiers servans embarrent sous le devant des roues, et les seconds servans dans les rais.

3. *Hors ⸻ de batterie.*

Les servans agissent ensemble, et reculent la pièce autant qu'il est nécessaire pour pouvoir la charger avec aisance.

4. *Au bouton⸻à la masse.*

Les premiers servans calent les roues avec les coins d'arrêt, et reprennent (sans quitter leurs leviers) la position qu'ils occupoient avant le recul de la pièce; les seconds servans embarrent sous le premier renfort; le canonnier se porte à la culasse, en montant sur l'auget, et dispose la volée de la pièce de façon qu'on puisse aisément y introduire la charge, les seconds servans élevant la culasse pour faciliter le mouvement de la vis de pointage; il fait ensuite un signal des deux mains, auquel les seconds servans débarrent et reprennent, ainsi que lui, la position du premier commandement.

5. *Posez vos leviers.*

Les quatre servans se baissent vivement, posent leurs leviers sans bruit, et se relèvent ensemble.

6. *A l'écouvillon, bouchez la lumière = à la poudre.*

Le premier servant de gauche prend l'écouvillon et l'enfonce dans l'ame de la pièce, à l'aide du premier servant de droite ; le canonnier bouche la lumière de la main droite ; le second servant de droite se place à hauteur des chevalets extérieurs ; et au signal fait par le servant de la pièce de gauche, qui doit aller comme lui chercher la poudre, il se porte au gargoussier, le saisit de la main droite et fait face à la batterie.

7. *Ecouvillonnez.*

Les premiers servans écouvillonnent en tournant l'écouvillon sept à huit fois au fond de l'ame, puis ils se retirent et le posent sur l'épaulement ; le second servant de droite se porte à la batterie, remet la gargousse au premier servant de droite, en passant au dehors de la plate-forme, retourne à son poste et place le gargoussier derrière lui.

8. *L'écouvillon à sa place = au refouloir.*

Le premier servant de gauche remet l'écouvillon à sa place, prend le refouloir et le porte dans l'embrasure.

9. *La poudre = dans le canon.*

Le premier servant de droite place la gargousse dans le canon , et le bouchon par-dessus ; puis il saisit le refouloir , à l'aide du premier servant de gauche, et tous deux enfoncent la charge.

10. *Refoulez*

Les premiers servans refoulent quatre coups bien égaux , retirent le refouloir et le posent sur l'épaulement ; les seconds servans se portent à l'épaulement ; celui de droite prend le bouchon , et celui de gauche le boulet.

11. *Le boulet = dans le canon.*

Les premiers servans reçoivent des mains des seconds, l'un le boulet, l'autre le bouchon, les placent, se saisissent du refouloir, et l'enfoncent dans la pièce.

12. *Refoulez.*

Les premiers servans refoulent deux coups bien égaux , retirent le refouloir et le posent dans l'embrasure ; les seconds servans reprennent leurs postes.

13. *Le refouloir = à sa place.*

Le canonnier de gauche ôte le doigt de dessus la lumière, le premier servant de gauche porte le refouloir à sa place, le premier servant de droite balaie la plate-forme, et tous reprennent leurs postes.

14. *Aux = leviers.*

Comme au premier commandement, (de plus les premiers servans décalent les roues.)

15. *Embarrez.*

Faisant face à l'épaulement, les seconds servans embarrent derrière les roues, et les premiers servans dans les rais ; le canonnier se porte derrière le contre-heurtoir du châssis.

16. *En batterie.*

Les quatre servans agissent ensemble, pour mettre la pièce en batterie.

17. *Pointez.*

Les quatre servans tournent autour de leurs leviers , les premiers servans embarrent en même temps sous le premier renfort, et les seconds au contre-heurtoir du châssis ; le canonnier monte sur l'auget, et pointe ayant la jambe gauche en avant ; la pièce pointée, il fait un signal des deux mains , auquel les quatre servans débarrent et reprennent, ainsi que lui, leurs postes : l'officier vérifie le pointement, et le rectifie si besoin est.

18. *Posez = vos leviers.*

Comme au cinquième commandement.

19. *Dégorgez = amorcez.*

Le canonnier dégorge et amorce comme ci-contre , et retourne à son poste ; le second servant de droite prend le gargoussier de la main droite.

20. *Au boute-feu = à la masse.*

Les premiers servans font face à l'épaulement , tous les autres y tournent le dos ; le second servant de droite se porte , ainsi que le canonnier , à hauteur des chevalets extérieurs , le second servant de gauche se serre contre le canonnier.

21. *Marche.*

Le canonnier et les seconds servans sortent ensemble de la batterie ; le second servant de gauche s'arrête au boute-feu , le saisit de la main droite , l'appuie sur le bras gauche et fait face à l'épaulement ; les autres continuent de marcher. Lorsque le canonnier et le second servant de droite sont arrivés sur l'alignement pratiqué derrière les boute-feux, ils font à droite et à gauche pour marcher l'un contre l'autre, à la distance de deux petits pas.

22. *Front.*

Le canonnier et le second servant de droite font face à l'épaulement ; le second servant de droite porte ensuite le gargoussier à sa place, et rentre aussitôt dans sa file.

23. *Boute-feu = marche.*

Le second servant de gauche se porte, selon

le côté d'où vient le vent, à la gauche ou à la droite de la pièce ; à droite il tourne le dos à l'épaulement, et à gauche il y fait face ; le canonnier pointeur se porte à la droite ou à la gauche de la batterie, pour observer son coup.

24. *Haut ═ le bras.*

Le second servant de gauche frappe du boute-feu sur le bras gauche, le porte le bras tendu, les ongles en dessus, et à quatre doigts au-dessus de la mèche de l'étoupille, ou de l'extrémité de la traînée de poudre ; les premiers servans prennent les masses.

25. *Feu.*

Le second servant de gauche touche de son boute-feu la mèche de l'étoupille ou la traînée de poudre, le retire précipitamment dès que le feu prend, ayant attention de le ramener toujours du côté de la volée, le reporte aussitôt à sa place, et rentre dans sa file : les premiers servans calent les roues au départ de la pièce, et restent à leur poste en faisant face à l'épaulement.

La salve finie, on fera faire un roulement qui servira de signal aux canonniers pointeurs pour rentrer dans leurs files.

REMARQUE.

Dans les détails de l'exercice du canon de siége et de place, on n'a point décrit les mouvemens de l'écouvillon et du refouloir, ni la manière de saisir et de tenir les leviers; tous les régimens d'artillerie en ont tèllement la pratique, que c'eût été étendre sans objet cette instruction.

Les canonniers et servans parfaitement alignés, on commandera :

Canonniers et servans à vos postes = marche.

Les seconds servans marchent droit devant eux ; les autres les suivent en marchant obliquement à droite et à gauche, pour se mettre en file derrière eux ; en arrivant en batterie, chaque file s'arrête sans commandement, et fait face à la pièce à celui de *front*.

L'exercice fini, on fera les commandemens suivans :

1. *Aux = leviers.*

2. *Pour mettre en batterie = embarrez.*

3. *En batterie.*

Ces trois commandemens s'exécutent comme il a été expliqué ci-devant.

4. *La pièce = hors d'eau.*

Ce commandement s'exécute par les servans comme celui de *pointez :* le canonnier baisse la volée, afin que l'eau ne puisse pas y entrer.

5. *Placez le chapiteau = dressez les leviers.*

Le canonnier de droite aux pièces de siége, et le second servant de droite à celles de place, pose le chapiteau sur la lumière ; les servans placent les leviers debout contre les moyeux entre les flasques et les roues , et le premier servant de droite balaie la plate-forme.

OBSERVATIONS.

Dans les écoles , il sera commandé un détachement particulier pour approvisionner la batterie de tous ses armemens et attirails , les rassembler après l'exercice, et remettre au magasin ceux qui doivent y rentrer ; à son défaut, on chargera de ce soin les servans de chaque pièce, surveillés par les sous-officiers.

Les chapiteaux placés , et les leviers dressés contre les moyeux , on fera les commandemens suivans :

1. *Par le flanc gauche et par le flanc droit =*
    à gauche et à droite.

Les canonniers et servans tournent le dos à l'épaulement, et exécutent ce qui est prescrit au second commandement de l'exercice.

2. *Marche.*

Les canonniers et servans sortent ensemble de la batterie.

3. *Halte.*

A ce commandement , qui se fera lorsque les canonniers arrivent près des boute-feux , le détachement s'arrête.

4. *Par le flanc gauche (ou droit) = à gauche
(ou à droite).*

Le détachement fait face au flanc indiqué.

5. *Serrez en masse = marche.*

La file de la tête ne bouge, toutes les autres
serrent en masse à un pas de distance.

6. *En avant = marche.*

Le détachement va prendre ses armes aux
faisceaux , où on le conduit dans le plus grand
ordre, les tambours battant aux champs.

Lorsque les canonniers et servans seront
parfaitement instruits de toutes les fonctions
qu'ils ont à remplir, on pourra leur faire faire
l'exercice au son de la caisse , c'est un moyen
de fixer davantage leur attention , et enfin à la
muette , c'est-à-dire sans autre commandement que celui de *chargez;* mais alors on aura
la plus grande attention à ce que tous les mouvemens s'exécutent sans confusion. Les pièces
chargées , pointées et amorcées, on fera faire
un roulement , pendant lequel les canonniers
et servans reprendront leurs postes ; ensuite
on commandera :

Au boute-feu = à la masse.

Le servant de chaque pièce , désigné pour y
mettre le feu , tourne le dos à l'épaulement ,
tous les autres y font face.

3 *

Marche.

Le servant de chaque pièce, désigné pour y mettre le feu, va chercher le boute-feu, et retourne de suite à la batterie, sans attendre d'autre commandement ; le canonnier pointeur se porte à la droite ou à la gauche de la batterie, pour observer son coup : tous les autres se serrent contre l'épaulement, les premiers servans se placent à portée des roues, pour les caler à l'instant du recul.

La salve finie, on fera faire un roulement qui servira de signal à tous les canonniers et servans pour reprendre leurs postes.

Exercice d'une pièce de siége, du calibre de 12, de 8 ou de 4.

Six hommes, dont deux canonniers, deux premiers servans et deux seconds servans, suffisent pour le service d'une pièce des calibres ci-dessus.

Il ne faut que quatre leviers ; les autres armemens et attirails seront les mêmes qu'aux pièces de 24 et de 16.

Positions et fonctions des six hommes.

Les premiers servans placés à un pas du heurtoir, et chargés des mêmes fonctions que les premiers servans aux pièces de 24 et de 16 ;

plus de celles des seconds servans, lorsque ceux-ci rempliront les fonctions des troisièmes.

Les seconds servans placés à un pas des premiers servans : ils remplissent, indépendamment des fonctions qui leur sont particulières, celles des troisièmes servans aux pièces de 24 et de 16.

Les canonniers placés à un pas des seconds servans, et chargés des mêmes fonctions que les canonniers aux pièces de 24 et de 16.

Nota. On pourrait n'employer que quatre hommes pour le service de la pièce de 4, en supprimant les seconds servans, dans ce cas les canonniers rempliront leurs fonctions, indépendamment de celles qui leur sont attribuées.

Instruction particulière sur les devoirs des officiers attachés aux pièces de siége et de place.

Les officiers marcheront, en entrant dans la batterie, sur le flanc du détachement ; ils ne se transporteront sur l'alignement pratiqué pour eux, derrière celui des sous-officiers, que lorsqu'on commencera l'exercice ; et comme on n'en attache point ordinairement un à chaque pièce, ils se placeront vis-à-vis le centre de celles qu'ils seront chargés de surveiller. Ils ne seront point assujettis à rester constamment dans cette position (à moins que ce

ne soit dans un cas de parade), et se porteront par-tout où ils croiront leur présence nécessaire.

Ils auront soin de faire observer le plus
grand silence.

Ils veilleront à ce que les canonniers et servans, placés aux postes qui leur sont assignés
des deux côtés de la pièce, aient toujours les
têtes tournées vers l'épaulement, sans jamais
fixer les yeux sur l'officier qui commande;

A ce qu'ils exécutent tous leurs mouvemens
avec ordre, vivacité et précision;

A ce que l'homme qui bouche la lumière,
ne lève pas la main pendant tout le temps que
les premiers servans sont occupés à charger la
pièce : cette précaution est très-essentielle, vu
le danger qui pourroit résulter de son inexé-
cution;

A ce que les servans ne traînent point leurs
leviers sur la plate-forme lorsqu'ils embarrent
et débarrent.

Ils veilleront à ce que les premiers servans,
en écouvillonnant, tournent plusieurs fois de
suite l'écouvillon au fond de l'ame, et qu'en
refoulant, ils alongent bien le bras;

A ce que les mêmes premiers servans écar-
tent les jambes en écouvillonnant, afin de di-
minuer leur hauteur, et être moins en prise au
feu de l'ennemi;

A ce que les pourvoyeurs, en allant chercher
la poudre, aient toujours la tête à droite, pour
marcher alignés entre eux.

L'officier qui commandera, aura attention de ne faire chaque commandement qu'après que le précédent aura été exécuté et suivi de la plus grande immobilité, à l'exception du neuvième commandement, qu'il fera dès que le premier servant de gauche quittera la volée, pour rapporter l'écouvillon à sa place.

Au commandement *boute-feu = marche*, les officiers iront à la droite ou à la gauche de la batterie, pour observer les coups, afin de rectifier, pour la salve suivante, le pointement des pièces dont les boulets se seroient trop écartés du but.

Instruction particulière sur les fonctions des sous-officiers attachés aux pièces de siége et de place.

Lorsqu'on formera le détachement pour le service de la batterie de siége, chaque sous-officier se placera un pas en avant des premiers servans de sa pièce.

En entrant dans la batterie, tous les sous-officiers marcheront sur le flanc du détachement ; chacun d'eux s'arrêtera sans commandement vis-à-vis de sa pièce, se placera en même temps entre les deux files, à hauteur des premiers servans, et fera face à l'épaulement, à celui de front.

Au commandement *canonniers et servans à*

vos postes = *marche*, tous les sous-officiers marcheront devant eux, et s'arrêteront sur l'alignement tracé à cinq ou six pas des chevalets extérieurs, et marqué, ainsi que celui des officiers, par de petits piquets enfoncés en terre, ou par un rang de gazon.

Au commandement *approvisionnez* = *la batterie*, les sous-officiers examineront si tous les armemens et attirails dont elle devra être pourvue, sont placés dans l'ordre prescrit.

Ils auront pendant l'exercice les mêmes attentions que les officiers ; ils ne parleront qu'à voix basse, lorsqu'il faudra reprendre quelqu'un ; et s'il est nécessaire qu'ils se déplacent, ils auront soin de reprendre leurs postes, dès que le défaut qu'ils auront remarqué sera réparé.

Au commandement *au boute-feu* = *à la masse*, ils feront demi-tour à droite.

Au commandement *marche*, ils marcheront droit devant eux, iront se placer sur l'alignement pratiqué derrière les boute-feux, et feront de suite face à la batterie; chacun d'eux se trouvera par ce moyen placé au centre des deux files de sa pièce, lorsqu'elles seront arrivées sur le même alignement.

Pendant la salve, ils veilleront à ce qu'aucun canonnier ou servant ne s'écarte de l'alignement, à l'exception des pointeurs, qui ont la liberté de se porter à la droite ou à la gauche de la batterie, pour observer leurs coups.

Au commandement *canonniers et servans à*

vos postes = marche, les sous-officiers marcheront droit devant eux, pour aller se placer sur l'alignement désigné ci-dessus.

Lorsqu'on fera l'exercice à la muette, c'est-à-dire sans commandement ni coups de baguettes, les sous-officiers ne seront pas tenus d'être fixement placés sur leur alignement; ils pourront, dans ce cas, se rapprocher de leur pièce, et se transporter par-tout où leur présence sera nécessaire pour le bon ordre et la précision de la manœuvre.

Instruction sur le service des pièces montées sur des affûts de côte.

Hommes nécessaires pour le service d'une pièce de côte.

Il faut, pour le service de cette pièce, cinq hommes rangés sur deux files, l'une à droite et l'autre à gauche.

De ces cinq hommes, un sera désigné sous la dénomination de canonnier, et les quatre autres sous celle de servans.

SAVOIR :

1 Canonnier.
2 Premiers servans.
2 Seconds servans.

Le détachement destiné pour le service des pièces de côte, sera conduit à la batterie dans le même ordre qu'à celle de siége et de place.

Le canonnier et les quatre servans de chaque pièce seront disposés comme il suit :

Les premiers servans — à deux pas de l'épaulement.

Les seconds servans — à un pas de distance des premiers servans.

Le canonnier — à un pas de distance du second servant de gauche.

Au lieu de deux masses, il ne faut qu'un coin d'arrêt pour chaque pièce, placé à la droite si on doit mettre le feu par la gauche, l'inverse dans le cas contraire ; et trois leviers, dont un placé au bout du grand châssis, servant à donner la direction ; les deux autres, comme ceux des premiers servans aux pièces de siége et de place.

Les autres armemens et attirails seront les mêmes que pour une pièce de siége ou de place, et leur ordre de distribution parfaitement semblable.

Il y aura de plus, de chaque côté de la pièce, à hauteur du derrière du grand châssis et à un pas de l'alignement des servans, un sabot pour l'emplacement du boute-feu.

Exercice d'une pièce de côte.

1. *Aux = leviers.*

LES premiers servans se saisissent chacun d'un levier.

2. *Embarrez.*

Les premiers servans embarrent dans les mortaises du gros rouleau ; les seconds servans se portent à leur secours.

3. *Hors = de batterie.*

Les quatre servans abattent ensemble les petits bouts des leviers , arrivés à un pied de terre , les servans de droite débarrent et embarrent de suite dans l'autre mortaise, ceux de gauche faisant en même temps effort sur leur levier pour retenir la pièce, lorsque le levier des servans de droite est placé dans la seconde mortaise , ceux de gauche exécutent le mouvement. Cela fait, ils abattent de nouveau, et répètent cette manœuvre jusqu'à ce que la pièce soit assez reculée : un des premiers servans prend ensuite le coin d'arrêt , et cale le gros rouleau , les trois autres servans faisant effort sur leurs leviers pour empêcher que la pièce ne rentre en batterie. La pièce calée, les servans débarrent et reprennent tous leurs postes.

Si les leviers destinés pour la manœuvre des pièces de côte, sont équarris par le milieu et arrondis par les deux bouts, les servans pourront manœuvrer au treuil, sans débarrer, en faisant simplement glisser les leviers pour augmenter la longueur de la partie sur laquelle ils doivent agir.

Nota. On pourra, dans l'exécution de ce commandement, se servir de ceux de *débarrez* et *abattez*, tels qu'ils sont en usage dans les manœuvres de la chèvre; mais quand les canonniers seront instruits, cette précaution devient inutile.

4. *Au bouton ⸗ à la masse.*

Les premiers servans passent leurs leviers aux seconds, qui embarrent sous le premier renfort; le canonnier monte sur le derrière du châssis, et dispose la volée de la pièce, de façon qu'on puisse aisément y introduire la charge, les seconds servans élevant la culasse pour faciliter le mouvement de la vis de pointage. Il fait ensuite un signal des deux mains, auquel les seconds servans débarrent, reprennent leurs postes, et remettent les leviers aux premiers servans.

5. *Posez ⸗ vos leviers.*

Les premiers servans posent les leviers à terre.

**6. *A l'écouvillon , bouchez la lumière = à la
poudre.***

Le premier servant de gauche prend l'écouvillon , et l'enfonce dans l'ame de la pièce , à
l'aide du premier servant de droite ; le canonnier bouche la lumière de la main droite ; le
second servant de droite se place à hauteur des
chevalets extérieurs , et , au signal fait par le
servant de la pièce de gauche , qui doit aller ,
comme lui , chercher la poudre , il se porte
au gargoussier , le saisit de la main droite , et
fait face à la batterie.

7. *Ecouvillonnez.*

Les premiers servans écouvillonnent en tournant l'écouvillon sept à huit fois au fond de
l'ame, puis ils le retirent et le posent sur l'épaulement ; le second servant de droite se porte à
la batterie, remet la gargousse au premier servant de droite , et reste placé derrière lui ; le
second servant de gauche se porte à l'épaulement.

8. *L'écouvillon à sa place = au refouloir.*

Le second servant de gauche reçoit l'écouvillon des mains du premier servant, le reporte
à sa place, prend le refouloir et le donne au
même premier servant , qui le pose sur l'épaulement ; le second servant de droite prend le
bouchon.

9. *La poudre = dans le canon.*

Le premier servant de droite met la poudre dans le canon et un bouchon par-dessus, qu'il reçoit des mains du second servant, puis il saisit le refouloir à l'aide du premier servant de gauche, et tous deux enfoncent la charge.

10. *Refoulez.*

Les premiers servans refoulent quatre coups bien égaux, retirent le refouloir et le posent sur l'épaulement ; le second servant de droite prend le bouchon, et le second de gauche le boulet.

11. *Le boulet dans le canon.*

Les premiers servans reçoivent des mains des seconds, l'un le boulet, l'autre le bouchon, les placent, se saisissent du refouloir et l'enfoncent dans la pièce.

12. *Refoulez.*

Les premiers servans refoulent deux coups bien égaux, retirent le refouloir, et le posent sur l'épaulement ; le second servant de gauche reprend son poste, et celui de droite ne reprend le sien qu'après avoir remis le gargoussier à sa place.

13. *Le refouloir à sa place.*

Le canonnier ôte le doigt de dessus la lumière,

le premier servant de gauche porte le refouloir à sa place ; le premier servant de droite balaie la plate-forme, et tous reprennent leurs postes.

14. *Aux leviers.*

Comme au premier commandement ; de plus, un des premiers servans décale le gros rouleau.

15. *Embarrez.*

Les premiers servans embarrent dans les mortaises du gros rouleau.

16. *En batterie.*

Les premiers servans manœuvrent au treuil, comme il a été dit au troisième commandement, et reprennent leurs postes ; lorsque la pièce est en batterie, il n'est pas nécessaire que les seconds servans se portent à leur secours.

17. *Pointez.*

Le premier servant de droite embarre sous le premier renfort ; le premier de gauche se saisit du boute-feu, en supposant qu'on doive mettre le feu par la gauche ; l'inverse, dans le cas contraire. Les seconds servans se portent en même temps à l'extrémité du levier directeur ; le canonnier monte sur le châssis, dégorge, place l'étoupille et pointe ; la pièce pointée, il saute légèrement en bas du châssis et commande feu. A ce commandement, le premier servant qui a embarré sous la culasse, pose son levier très-vivement, prend le coin d'arrêt et se place à portée de caler la pièce à l'instant du recul ; l'autre premier servant met le feu dans le même moment, et replace le boute-feu dans le sabot.

L'exercice fini, on fera mettre la pièce hors d'eau, placer le chapiteau sur la lumière, et sortir le détachement de la batterie, en se servant à cet effet des mêmes commandemens qu'aux pièces de siége et de place.

OBSERVATIONS.

On ne détaillera l'exercice de la pièce de côte que pour les recrues, les soldats de première classe le feront toujours à la muette et sans autre commandement que celui de *chargez* ; mais on aura la plus grande attention à ce que le canonnier et les servans remplissent exactement les fonctions dont ils sont chargés.

Instruction sur l'obusier de 8 pouces.

Hommes nécessaires pour le service d'un obusier de huit pouces.

IL faut pour le service de cette bouche à feu, cinq hommes, dont un désigné sous la dénomination de bombardier, et les quatre autres sous celle de servans.

S A V O I R :

1. Bombardier.
2. Premiers servans.
2. Seconds servans.

Leurs positions seront les mêmes que celles des cinq hommes employés au service d'une pièce de place.

Il faut un approvisionnement d'armement et attirails semblables à celui du mortier de 12 ou 10 pouces, à l'exception des coins de mire et du crochet de fer, et leur ordre de distribution des deux côtés de l'obusier sera aussi le même.

Il faut de plus un chapiteau et deux masses placés comme au canon de siége.

Les bombardiers et servans destinés pour le service des obusiers seront conduits à la batterie dans le même ordre qu'aux pièces de siége et de place.

Exercice d'un obusier de 8 pouces.

1. *Aux leviers.*

Les quatre servans se baissent vivement, se saisissent chacun d'un levier, et se relèvent ensemble.

4**

2. *Embarrez.*

Tournant le dos à l'épaulement, les premiers servans embarrent sous le devant des roues, et les seconds servans dans les rais.

3. *Hors $=$ de batterie.*

Les servans agissent ensemble et reculent l'obusier autant qu'il est nécessaire, pour le charger avec aisance.

4. *Au bouton $=$ à la masse.*

Les premiers servans calent les roues avec les masses, et reprennent (sans quitter leurs leviers) la position qu'ils occupoient avant le recul de l'obusier ; les seconds servans embarrent sous la culasse, le bombardier entre le délardement des flasques, et dispose la volée de l'obusier, de façon qu'on puisse aisément y introduire la charge ; les seconds servans élevant la culasse pour faciliter le mouvement de la vis de pointage, il fait ensuite un signal des deux mains, auquel les seconds servans débarrent, et reprennent, ainsi que lui, la position du premier commandement.

5. *Posez $=$ vos leviers.*

Les quatre servans se baissent vivement, posent leurs leviers sans bruit, et se lèvent ensemble.

6. *Nettoyez = l'obusier.*

Le bombardier bouche la lumière de la main droite , le premier servant de gauche prend l'écouvillon et le pose dans l'embrasure; le premier servant de droite se saisit de la curette et du sac à terre , nettoie l'obusier, et le rapporte dans le panier après qu'il s'en est servi ; il écouvillonne ensuite , retire l'écouvillon, le retourne et le place sur l'épaulement.

7. *A la poudre = à l'obus.*

Les seconds servans sortent de la batterie, celui de droite pour aller chercher la poudre, et celui de gauche , l'obus ; ils se conforment pour l'exécution de ce mouvement, à ce qui est prescrit dans l'instruction relative au mortier , excepté qu'ils ne se placent point en file , mais chacun vis-à-vis de son poste.

8. *La poudre = dans l'obusier.*

Les seconds servans se portent à la batterie, remettent la poudre et l'obus aux premiers servans et se retirent à leur poste ; le premier servant de droite place la poudre dans l'obusier , la refoule légèrement , retire le refouloir et le donne au premier servant de gauche , qui le porte à sa place.

9. *L'obus = dans l'obusier.*

Le premier servant de gauche donne l'obus

au premier de droite , et se retire à son poste ;
celui-ci l'introduit dans l'obusier , et l'assujettit avec quatre éclisses qui lui sont remises,
ainsi que la spatule, pour les enfoncer , par le
second servant de droite, et qu'il dispose de la
même manière qu'au mortier ; cela fait , le bombardier ôte le doigt de dessus la lumière , le
premier servant de droite balaie la plate-forme,
et tous deux reprennent leurs postes.

10. *Aux = leviers.*

Comme au premier commandement ; de plus ,
les premiers servans décalent les roues.

11. *Embarrez.*

Faisant face à l'épaulement, les seconds servans embarrent derrière les roues , et les premiers servans dans les rais ; le bombardier se
porte derrière l'entre-toise de lunette.

12. *En batterie.*

Les quatre servans agissent ensemble ; le
bombardier veille à ce que la volée de l'obusier
soit conduite dans le milieu de l'embrasure.

13. *Donnez les degrés = pointez.*

Le premier servant de gauche débarre et pose
son levier ; les trois autres servans tournent
autour des leurs ; le premier servant de droite
embarre en même temps sous la culasse , les

seconds à la crosse, et le bombardier entre dans le délardement des flasques : le premier servant de gauche prend ensuite le quart de cercle, le place entre les deux anses, donne les degrés d'élévation à l'aide du bombardier, qui tourne la vis du pointage, et du premier servant de droite, qui soulève la culasse pour faciliter ce mouvement. Cela fait, le premier servant de gauche remet le quart de cercle à sa place, et le bombardier dirige l'obusier ; l'obusier pointé, il fait un signal des deux mains, auquel les trois servans débarrent, et reprennent, ainsi que lui, leurs postes.

Au lieu du quart de cercle, on peut se servir, pour donner les degrés d'élévation, d'une petite hausse en bois, telle qu'elle est en usage dans plusieurs écoles d'artillerie ; cette machine est simple et doit être préférée.

14. *Posez* ══ *vos leviers.*

Comme au cinquième commandement.

15. *Dégorgez* ══ *amorcez.*

Le bombardier dégorge de la main gauche, amorce de la droite, et retourne à son poste.

16. *Au boute-feu* ══ *à la masse.*

Les premiers servans font face à l'épaulement ; tous les autres y tournent le dos ; le second servant de droite se porte, ainsi que le bombardier, à la hauteur des chevalets exté-

rieurs, et le second servant de gauche se serre
contre le bombardier.

17. *Marche.*

Le bombardier et les seconds servans sortent ensemble de la batterie ; le second servant
de gauche s'arrête au boute-feu, le saisit de
la main droite, l'appuie sur le bras gauche, et
fait face à l'épaulement ; les autres continuent
de marcher : lorsque le bombardier et le second
servant de droite sont arrivés sur l'alignement
pratiqué derrière les boute-feux, ils font à
droite et à gauche pour marcher l'un contre
l'autre, à la distance de deux petits pas.

18. *Front.*

Le bombardier et le second servant de droite
font face à l'épaulement.

19. *Boute-feu = marche.*

Le second servant de gauche se porte, selon
le côté d'où vient le vent, à la gauche où à la
droite de la pièce ; à droite, il tourne le dos à
l'épaulement, et à gauche il y fait face ; le
bombardier se porte à la droite ou à la gauche
de la batterie pour observer son coup.

20. *Haut = le bras.*

Le second servant de gauche frappe du boute-
feu sur le bras gauche, et le porte le bras tendu, les ongles en-dessus, à quatre doigts au-

dessus de la mèche de l'étoupille ; les premiers servans prennent les masses.

21. *Feu.*

Le second servant de gauche touche de son boute-feu la mèche de l'étoupille, le retire précipitamment dès que le feu prend, ayant attention de le ramener toujours du côté opposé de la volée ; le rapporte aussitôt à sa place et rentre dans sa file ; les premiers servans calent les roues au départ de l'obusier, et restent à leurs postes en faisant face à l'épaulement.

Le reste comme aux pièces de siége et de place.

OBSERVATION.

On ne détaillera l'exercice de l'obusier de huit pouces que pour les recrues ; les soldats de première classe le feront toujours à la muette et sans autre commandement que celui de *chargez* ; mais on aura attention à ce que chaque bombardier et servant remplisse exactement les fonctions dont il est chargé.

Instruction sur le service du canon de bataille.

Hommes nécessaires pour le service d'une pièce de bataille du calibre de 12, 8 ou 4.

PIÈCE DE 12.

Il faut pour le service d'une pièce de bataille du calibre ci-dessus, quinze hommes.

De ces quinze hommes, deux seront désignés sous la dénomination de canonniers, les treize autres sous celle de servans.

SAVOIR :

2 Canonniers . . . . ⎫
2 Premiers servans. . . ⎪
2 Seconds servans . . . ⎪
⎪
2 Troisièmes servans . ⎬ Fournis par l'artillerie.
⎪
2 Quatrièmes servans. ⎪
2 Cinquièmes servans. ⎪
2 Sixièmes servans. . . ⎭

1 Treizième servant. . . Fourni par l'artillerie.

PIÈCE DE 8.

Il faut pour le service d'une pièce de bataille du calibre ci-dessus, treize hommes.

De ces treize hommes, deux seront désignés sous la dénomination de canonniers, les onze autres sous celle de servans.

SAVOIR :

2 Canonniers.......	
2 Premiers servans ..	
2 Seconds servans....	
2 Troisièmes servans.	Fournis par l'artillerie.
2 Quatrièmes servans	
2 Cinquièmes servans.	
1 Onzième servant...	

PIÈCE DE 4.

Il faut pour le service d'une pièce du calibre ci-dessus, huit hommes, dont deux seront désignés sous la dénomination de canonniers, et les six autres sous celle de servans.

SAVOIR :

2 Canonniers	
2 Premiers servans...	Fournis par l'artillerie.
2 Seconds servans ...	
2 Troisièmes servans.	

SERVICE D'UNE PIÈCE DE 12.

Le service de la pièce de 12 est le même que celui de la pièce de 8 ; on emploie seulement deux hommes de plus, nommés sixièmes servans, dont les fonctions se bornent à se porter, en marchant en avant, aux leviers de manœuvre contre le flasque, et en retraite à la volée. Pendant l'action ils sont à la garde des caissons.

Nota. Pour établir l'uniformité entre le service de la pièce de 8 et de 12, on a donné aux cinquièmes servans à celle de 12, les bricoles destinées précédemment aux sixièmes.

Ordre de remplacement des hommes tués en bataille.

Il peut arriver qu'en bataille plusieurs des canonniers servans soient tués. Afin que le service puisse se continuer malgré cette perte, on suivra l'ordre de remplacement établi ci-après pour les trois calibres.

PIÈCE DE 4.

Le premier homme tué sera remplacé par le second servant de gauche, que suppléera le canonnier de gauche. Le second tué sera remplacé par le canonnier de gauche, que suppléera celui de droite, chargé alors des trois fonctions. Le troisième tué sera remplacé par le servant de droite, que suppléera le premier servant de droite.

PIÈCES DE 8 ET DE 12.

Les canonniers et servans tués au service de ces pièces, seront remplacés sur-le-champ par les hommes employés à l'avant-train, à commencer d'abord par ceux de l'artillerie. Tous les secours que peuvent fournir les hommes de l'avant-train étant épuisés, on suivra, pour exécuter la pièce, l'ordre de remplacement établi pour celle de 4.

OBSERVATIONS GÉNÉRALES.

Lorsque les pièces seront chargées sur leurs avant-trains, les canonniers et servans se placeront en file à droite et à gauche, distans d'un pas l'un de l'autre; les premiers servans à hauteur de la volée, les autres suivant leur rang, en avançant vers l'avant-train.

S'il n'y a point de chevaux, elles seront traînées par les canonniers et servans disposés dans l'ordre suivant.

PIÈCE DE 4.

Les premiers servans — au bout de l'essieu.
Les seconds servans — à la crosse.

5*

Les canonniers, { Le canonnier de gauche placera un levier en galère au bout du timon : tous quatre feront effort contre ce levier.

Les troisièmes servans.

} Les canonniers placés contre le timon.

PIÈCE DE 8.

Les premiers servans,
Les troisièmes servans,
} au bout de l'essieu.

Les quatrièmes servans,
Les cinquièmes servans,
} à la crosse.

} Les courtes bricoles en dehors.

Les canonniers,

Les seconds servans,
} au bout du timon faisant effort contre le levier placé en galère.

} Les canonniers placés contre le timon.

Le onzième servant n'aura point de place fixe, se portant partout où sa présence sera nécessaire.

PIÈCE DE 12.

Les premiers servans.
Les troisièmes servans.
Les quatrièmes servans
Les cinquièmes servans } Placés comme aux
Les canonniers ...... pièces de 8.
Les seconds servans ..
Le treizième comme le
  onzième.

Les sixièmes servans — à la volée.

Pour disposer les canonniers et servans dans l'ordre précédent, on fera le commandement *en avant*, si c'est pour aller à l'ennemi, et *en retraite*, si l'on s'en éloigne.

Toutes les fois qu'une pièce de bataille, de quelque calibre qu'elle soit, devra marcher sur un plan trop incliné, et qu'elle sera traînée par des hommes, l'officier qui aura dû prévoir cet accident, leur fera tenir leurs bricoles à la main, sans les avoir en bandoulières, et atteler en retraite le nombre qu'il jugera nécessaire. Si elle se trouvoit en danger de verser, il emploiera tous les moyens convenables pour lui porter secours, sans exposer ses hommes à être blessés.

Les pièces arrivées sur le terrain, si celles de 8 et de 12 sont dans l'encastrement de route, on les passera à celui de tir; on fera ensuite ôter les avant-trains par le commandement *en batterie*, si les timons sont tournés vers l'en-

5 **

nemi, et par celui de *ôtez les avant-trains*, si ce sont les volées des pièces.

Les avant-trains ôtés, on les conduira vingt pas en arrière, les timons tournés vers les pièces. On alignera les uns sur les autres dans la direction de leurs affûts : cet alignement se fera par la droite.

L'intervalle des pièces sera de dix-huit pieds; on les alignera sur leurs essieux, soit en marchant, soit arrêtés.

Il ne restera aux pièces que les canonniers et servans destinés à leur exécution; les autres se porteront à l'avant-train dans l'ordre prescrit.

Dans tous les cas, les canonniers et servans destinés à agir, s'ébranleront seuls, les autres resteront immobiles et dans le silence. Les officiers le feront exactement observer, et ne feront exécuter aucun mouvement sans l'avoir fait précéder d'un commandement net et précis.

L'exercice fini, on appuiera la tête de la vis contre l'entre-toise de support, autrement elle risqueroit de se perdre; et on remettra les pièces de 8 et de 12 dans l'encastrement de route.

COMMANDEMENS

DE L'EXERCICE

DES PIÈCES DE BATAILLE.

Pour passer une pièce de 8 ou de 12 de l'encastrement de route à celui de tir.

Préparez-vous à changer d'encastrement.

Les seconds servans lèvent les susbandes ; celui de droite enraie la roue, le canonnier de gauche détache les leviers à l'aide du premier servant ; ils en passent un au premier servant de droite, un au canonnier de droite, et en gardent chacun un.

Changez d'encastrement.

Le premier servant de gauche met son levier dans la volée, le premier servant de droite et le canonnier de gauche embarrent sous le bouton, et soulèvent la culasse à l'aide des seconds servans ; le canonnier de droite tournant le dos à l'avant-train , place son levier en rouleau, sous le premier renfort , le fait avancer jusqu'au centre de mire ; le premier servant de droite porte ensuite son levier en croix sous celui qui est dans la volée, et le canonnier de gauche passe le bout du sien dans l'anse de droite pour maintenir la pièce ; les seconds et troisièmes servans se portent au secours des premiers, les seconds et le troisième de gauche se placent au levier qui est en croix, et le troisième de droite à celui qui est dans la volée. Au commandement *ferme* fait par l'officier , ils agissent tous ensemble avec force, précaution et sans secousse, pour la descendre très-doucement dans l'encastrement de tir , le canonnier de droite faisant tourner son levier pour faciliter ce mouvement ; lorsqu'elle y est placée , les troisièmes servans retournent à leurs postes, les seconds servans replacent les susbandes , et celui de droite désenraie la roue ; les premiers pèsent sur la volée, les canonniers dégagent leurs leviers, les posent debout contre les bras du coffret ; celui de gauche relève la vis de pointage , et celui de droite soutient la semelle , après quoi les premiers servans reprennent leurs postes , conservant leurs leviers ; les canonniers passent les leurs par le petit bout dans les anneaux carrés de manœuvre.

Pour décharger une pièce de bataille de dessus son avant-train.

Otez l'avant-train.

Le servant garde du coffret élève le timon : le canonnier de droite décroche la chaîne d'embrelage, soulève la crosse à l'aide du canonnier de gauche, placé, ainsi que lui, contre le flasque (aux 8 et 12, les seconds servans se portent au secours des canonniers, et se placent aux leviers de manœuvre, entre le flasque et les roues). Dès que la cheville ouvrière est hors de la lunette, on fait avancer l'avant-train de quatre à cinq pas pour pouvoir poser la crosse à terre ; alors les canonniers enlèvent le coffret, et le mettent sur l'avant-train, qu'on conduit aussitôt en arrière ; les seconds servans placent les leviers de pointage, et le premier servant de droite prend l'écouvillon à l'aide du second.

Nota. Les canouniers chargés d'enlever le coffret, et de le placer sur l'avant-train, observent aux pièces de 8, de passer la chaînette à crochet, posée à la grande sassoire, dans l'anneau placé pour cet objet au derrière du coffret (le coffret de 4 et de 12 n'ayant point d'anneaux, se placera sur l'avant-train, l'ouverture en dehors.

Pour disposer les canonniers et servans en parade.

En parade.

Les canonniers et servans prennent vivement leurs positions de parade ; le sergent se place en arrière des leviers de pointage , l'officier dans l'intervalle de ses deux pièces , deux pas en avant de l'alignement des bouches , tous faisant face à l'ennemi.

A vos postes.

Les canonniers et servans reprennent leurs premières positions ; le sergent se porte à l'avant-train : l'officier partout où sa présence est nécessaire.

———

Pour faire feu.

En action.

Le second servant de droite décroche le seau , le pose sous la fusée de l'essieu , allume sa lance ; le canonnier de droite se porte entre les leviers de pointage , dirige la pièce , se retire et fait le commandement *chargez.* A ce commandement , le canonnier de gauche se porte à la culasse pour boucher la lumière et donner les degrés ; les premiers servans à la volée pour charger la pièce : lorsqu'elle est chargée et pointée, le second servant de gauche dégorge, place l'étoupille, et fait signe au second servant de droite de mettre le feu, à moins que l'officier ne le commande. Le coup parti, on remet la pièce en batterie, et on la recharge de la même manière.

Quoique les fonctions des canonniers et servans pendant l'action aient été détaillées ci-devant, on a cru cependant devoir en représenter ici l'ensemble.

Pendant l'action, les pourvoyeurs auront soin de remplacer du caisson au coffret, les munitions qu'ils tireront de ce dernier pour le service de la pièce. Le sergent veillera à ce que cet ordre soit ponctuellement exécuté.

Au roulement le feu cesse, le second servant de droite raccroche le sceau et coupe sa lance.

Pour marcher en avant et en retraite.

En avant.

Les canonniers et servans se portent en courant et dans le plus grand ordre, aux places qu'ils doivent occuper.

En retraite.

S'ils étoient attelés en retraite, au commandement *en avant*, et *vice versâ*, ils se déplaceroient vivement pour prendre la nouvelle position ordonnée.

Marche.

Ils se mettent en mouvement sur la direction indiquée par l'officier.

Halte.

Ils s'arrêtent sans quitter leurs positions, et attendent un nouveau commandement.

A vos postes.

Ils se détellent vivement, et reprennent leurs positions à la pièce et à l'avant-train.

Pour charger une pièce de bataille sur son avant-train.

Amenez l'avant-train.

Le premier servant de droite remet l'écouvillon; le charretier et le servant garde du coffret conduisent l'avant-train assez près de la pièce, pour pouvoir, en tournant par la gauche, présenter la cheville ouvrière vis-à-vis l'entre-toise de lunette ; les canonniers ôtent les leviers de pointage, les passent au servant de gauche, qui les remet à leur place, ils enlèvent le coffret, le portent dans le délardement des flasques, soulèvent la crosse (à l'aide des seconds servans aux pièces de 8 et 12) et la placent sur l'avant-train ; le canonnier de droite accroche la chaîne d'embrelage.

Nota. Lorsqu'on chargera la pièce sur l'avant-train sans changer d'encastrement, on passera le crochet de la chaîne en dessus de l'anneau d'embrelage ; le contraire s'exécutera lorsqu'on devra changer d'encastrement.

Otez l'avant-train.

Voyez ci-devant l'explication de cette manœuvre.

Amenez l'avant-train en avant.

On conduit l'avant train un pas en avant de la bouche de la pièce en passant par la droite.

Les canonniers saisissent les leviers de pointage ; aux pièces de 8 et de 12, les seconds servans se portent aux leviers de manœuvre, et les premiers aux roues ; dans cette position, ils retournent l'affût par la gauche. Le reste comme au commandement *amenez l'avant-train.*

En batterie.

On ôte l'avant-train, on le reconduit à sa place par le côté opposé à celui où il est arrivé; on remet les leviers de pointage, et on retourne l'affût comme au commandement précédent, mais dans le sens contraire.

Nota. Toutes les fois qu'on amène l'avant-train en avant, il est indispensable que les servans placés du côté par où il passe, se coulent contre l'affût pour éviter d'être blessés.

Manœuvre à la prolonge.

Chaque avant-train sera garni d'une prolonge qu'on attachera de la manière suivante :

Mesurer vingt-huit pieds à commencer du billot; envelopper l'armon de gauche avec le bout qui reste au-delà des vingt-huit pieds, le passer par les anneaux placés sur le derrière de la sellette, en envelopper l'armon de droite, le ramener sous le milieu de la grande sassoire, et faire le nœud expliqué ci-après.

Saisir des deux mains le long bout de la prolonge, former une petite boucle en pliant le cordage en-dessous; saisir de la main droite le petit bout, le passer dans cette boucle en-dessous, le croiser par-dessus le long bout; le ramener par-dessous, ou former une seconde boucle, qu'on fait entrer en-dessus de la première, et qu'on ne laisse dépasser que de ce qu'il faut pour en produire un troisième capable de contenir le billot; serrer le nœud, et achever d'arrêter le petit bout du cordage par une maille.

Sur la longueur de la prolonge, à huit pieds, mesure prise de la sassoire, on fera un second nœud comme il suit.

Laisser libres les huit pieds mesurés sur la prolonge, former avec la partie de cordage qui les suit immédiatement, une petite boucle arrêtée de la main gauche; laisser à sa suite un pied de cordage libre; former à cette distance, et de la main droite, en pliant le cordage en-dessous, une seconde boucle, en coiffer la première; passer le billot en-dessous dans celle-ci, et serrer le nœud; le pied de cordage laissé entre les deux boucles doit former celle qui contiendra le billot.

La prolonge, les deux nœuds formés, doit avoir vingt-quatre pieds de longueur. A cette mesure elle sert à passer les fossés et ravins. Les canonniers ôtent les leviers de pointage, et ceux des armemens qu'ils craindroient de briser dans le passage. L'avant-train descend doucement, et lorsque la pièce est parvenue sur la crête du fossé ou ravin, on fait tirer les chevaux avec force et vitesse. Si la crosse s'engageoit dans la terre, on la dégageroit au moyen des leviers.

Le nœud formé sous la sassoire réduit la prolonge à moitié pour l'exécution du feu de retraite ; celui formé à huit pieds de ce dernier, sert à la mettre aux deux tiers pour le feu de flanc.

COMMANDEMENS.

Amenez la prolonge.

On conduit l'avant-train près de la pièce, et on la retourne par la gauche ; le troisième servant de gauche, au calibre de 4 ; le cinquième de droite, au calibre de 8 ; et le sixième de droite au calibre de 12 développe la prolonge ; le canonnier de droite passe le billot dans l'anneau d'embrelage.

Amenez la prolonge pour le feu de retraite.

On passe le billot dans l'anneau d'embrelage, et dans la boucle du nœud sous la sassoire.

Amenez la prolonge pour le feu de flanc.

On passe le billot dans l'anneau d'embrelage, et dans la boucle du nœud formé à huit pieds de la sassoire.

Lorsque la prolonge sera attachée à la pièce d'une des trois manières précédentes, et que les circonstances exigeront qu'elle soit raccourcie ou alongée, l'officier commandera : *Raccourcissez ou alongez la prolonge pour le feu de retraite, celui de flanc, ou pour le passage du fossé.*

Otez la prolonge.

Le canonnier de droite dégage le billot , ou reconduit l'avant-train à sa place , et le même servant qui a développé la prolonge , la replie autour des crochets d'armons.

Exécution du feu de retraite.

La prolonge disposée à douze pieds de longueur , l'officier commande *en action*, faire feu de pied ferme jusqu'au commandement *marche;* se retirer vivement , s'arrêter au commandement *halte* , et recommencer le feu.

Exécution du feu de flanc.

La pièce portée à dix pas d'intervalle sur le flanc de la colonne , la prolonge disposée à seize pieds de longueur, la volée tournée à l'ennemi , l'officier commande :

En action.

Faire feu de pied ferme jusqu'au commandement.

Marche.

Suivre la colonne , s'arrêter au commandement *halte*, reculer la pièce de trois ou quatre pas , tourner la volée à l'ennemi , l'avancer

jusqu'à ce que la crosse se trouve dans la direction de l'avant-train. Ce mouvement sera
exécuté par les canonniers et servans disposés
comme au commandement : *Amenez l'avant-
train en avant.*

Pour passer une pièce de 8 ou de 12 de l'encastrement de tir à celui de route.

Amenez l'avant-train, et changez d'encas-trement.

On ôte les leviers de pointage, on les passe
au premier servant ; on charge l'affût sur l'a-
vant-train, on lève les susbandes, on cale les
roues, on couche la tête de la vis contre l'entre-toise de support, et on passe la pièce dans
l'encastrement de route, en suivant les mêmes
principes que pour la descendre dans celui
de tir.

Pour dégager le levier du canonnier de droite, celui de gauche embarre sous le bouton, et
le premier servant de droite sous le premier
renfort ; ils soulèvent la culasse à l'aide des seconds servans ; on place ensuite les susbandes
et les leviers.

Défiler en parade.

La pièce sur l'avant-train, le servant garde
du coffret tient la bride du cheval de droite.

Les canonniers servans marchent à côté de

l'avant-train , disposés comme il a été dit en l'article premier des observations générales.

Le sergent à la tête des chevaux.

L'officier au centre de ses deux pièces, et en arrière de la volée. } Tous deux l'épée à la main.

Instruction sur le service de l'obusier de six pouces de campagne.

Hommes nécessaires pour le service d'un obusier de six pouces.

Il faut pour le service de cette bouche à feu, treize hommes, dont deux désignés sous la dénomination de bombardiers, et les onze autres sous celle de servans.

SAVOIR :

2 Premiers servans.
2 Seconds servans.
2 Bombardiers.
2 Troisièmes servans.
2 Quatrièmes servans.
2 Cinquièmes servans.
1 Onzième servant.

Leurs positions seront semblables à celles des treize hommes employés au service d'une pièce de bataille du calibre de 8 , et ils seront chargés des mêmes fonctions et attirails qu'eux.

Il y aura de plus un tire-bourre pour deux obusiers.

Les fonctions du troisième servant de gauche, pendant l'action, consisteront particulièrement à porter les munitions au premier servant du même côté, et à le remplacer au besoin.

Les quatrième et cinquième servans de gauche alterneront entre eux pour fournir au premier les obus.

Quoique les fonctions des treize hommes qu'on emploie pour le service d'une pièce de bataille , du calibre de 8 , auxquelles ceux de l'obusier de 6 pouces doivent se conformer , aient été amplement détaillées ci-devant , on a cru cependant devoir en représenter ici l'ensemble , pour faire connoître quelques légères différences qui existent dans la manière de charger ces deux armes.

En action.

Le second servant de droite décroche le seau , le pose sous la fusée de l'essieu , et allume sa lance ; le bombardier de droite se porte entre les leviers de pointage, dirige l'obusier, se retire à son poste , et fait le commandement *chargez.* A ce commandement, le bombardier de gauche se porte à la culasse pour boucher la lumière et donner les degrés ; les premiers servans à la volée pour charger l'obusier ; celui de droite refoule la charge très-légèrement, et celui de gauche dispose l'obus de manière que l'œil soit exactement dans la direction de l'axe ; le reste comme au canon de bataille.

Si l'on est éloigné de l'objet qu'on doit battre, au delà de la portée du but en blanc, le bombardier ne donnera les degrés d'élévation qu'après que les premiers servans se seront retirés, en se servant pour cet effet de la hausse dont il a été fait mention dans l'instruction relative au service de l'obusier de huit pouces.

OBSERVATION.

On se conformera aussi pour la manière d'atteler en avant et en retraite, pour les manœuvres de l'avant-train et celles de la prolonge, à tout ce qui a été prescrit à ce sujet dans l'instruction relative au service du canon de bataille du calibre de 8.

INSTRUCTION SUR LE SERVICE DES MORTIERS.

Hommes nécessaires pour le service d'un mortier de 12, 10 ou 8 pouces.

Mortier de 12 et 10 pouces.

Il faut pour le service d'un mortier des calibres ci-dessus, cinq hommes rangés sur deux files, l'une à droite et l'autre à gauche.

De ces cinq hommes, un sera désigné sous la dénomination de bombardier, et les quatre autres sous celle de servans.

SAVOIR:

1 Bombardier.
2 Premiers servans.
2 Seconds servans.

Mortier de 8 pouces.

Il faut pour le service d'un mortier du calibre ci-dessus, trois hommes, desquels un sera désigné sous la dénomination de bombardier, et les deux autres sous celle de servans.

SAVOIR :

1 Bombardier.
2 Servans.

Armemens et attirails nécessaires pour le service d'un mortier de 12, 10 ou 8 pouces.

4 Leviers pour le mortier de 12 et 10 pouces.	Deux de chaque côté, placés sur la plate forme, parallèlement à la pièce ; les gros bouts tournés vers l'épaulement, le bout de l'une à hauteur du milieu de l'autre, ceux destinés pour les premiers servans en dedans.
2 Leviers pour le mortier de huit pouces.	Un de chaque côté, placé parallèlement à l'affût, les pinces tournées vers l'épaulement.
1 Ecouvillon......... 1 Refouloir.	Adaptés à la même hampe et placés sur deux chevalets à la gauche.

1 Dégorgeoir..... 1 Sac à étoupille.. 1 Paire de Man-chettes........ 1 Coin de mire...	Portés par le bombar-dier.
1 Boute-feu.......	Placé sur le derrière de la batterie, à vingt pas de l'épaulement.
1 Quart de cercle..	Placé à la gauche du mortier.
1 Balai	Placé à la droite du mortier.

Contre l'épaulement.

1 Double crochét de fer, pour le mortier de 12 et 10 pouces.	Placé à terre à la gauche du mortier, et vis-à-vis le milieu de l'affût.
Des bombes coiffées de leurs fusées.	Placées sur le derrière de la batterie, à vingt pas de l'épaulement : on pourra mettre 4 onces de poudre dans les grosses bombes, et deux onces dans les petites pour faire sauter la fusée dont la durée sera proportionnée au temps que les bombes devront rester en l'air, de manière qu'elles fassent leur effet au moment où elles arrivent au but.

1 Curette.........

1 Sac à terre.....

1 A plomb ....

1 Spatule.........

1 Maillet.........

1 Chasse-fusée....

Des éclisses.....

Tous ces attirails seront contenus dans un panier placé à droite du mortier vis-à-vis le milieu de l'af-fût.

Observations sur la manière dont le détachement destiné pour le service des mortiers, doit être conduit à la batterie.

ON disposera les bombardiers et servans de chaque mortier sur deux files, l'une à côté de l'autre, les premiers servans en première ligne, les seconds servans en deuxième ligne, etc.

Si le détachement doit arriver par la droite de la batterie, il aura la gauche en tête ; l'inverse dans le cas contraire.

En entrant dans la batterie, tous les premiers servans du détachement marcheront sur l'alignement désigné pour les officiers, chaque file s'arrêtera sans commandement vis-à-vis de l'emplacement qu'elle devra occuper à son mortier, et y fera face à celui de *front.*

Le détachement aligné, on commandera :

Bombardiers et servans, à vos postes = marche.

Chaque file marche droit devant elle, pour aller se placer à son mortier dans l'ordre in-

diqué ci-après , et s'y arrêter sans commandement.

SAVOIR :

Mortier de 12 et 10 pouces.

Les premiers servans à hauteur du boulon
de la tête de l'affût , l'un à droite et l'autre à
gauche.

Les seconds servans à hauteur du boulon de
la queue de l'affût, l'un à droite et l'autre à
gauche.

Le bombardier à un pas de distance du second servant de gauche.

Mortiers de 8 pouces.

Les servans à hauteur du boulon de la tête
de l'affût , l'un à droite et l'autre à gauche.

Le bombardier à gauche , et à hauteur du
boulon de la queue de l'affût.

Les bombardiers et les servans placés comme
il est dit ci-contre , on fera les commandemens
suivans.

Front.

Tous les bombardiers et servans font face à
leurs mortiers.

Approvisionnez === la batterie.

Le second servant de droite aux mortiers de
12 et de 10 pouces , et le servant de droite à

ceux de 8 pouces, ôte le tampon et le pose contre l'épaulement : on couche ensuite les mortiers sur les coussinets de devant, en se conformant pour cette manœuvre à ce qui est prescrit dans le détail de l'exercice ; les mortiers en batterie, on procède à la vérification de l'alignement des fiches placées sur l'épaulement, et on finit par ranger tous les armemens et attirails de chaque mortier, suivant l'ordre indiqué ci-devant.

Toutes ces dispositions préliminaires achevées, on fera faire un roulement, pendant lequel tous les bombardiers et servans prendront leurs postes, après quoi on commencera l'exercice.

AVERTISSEMENT.

Tous les mouvemens qui exigent un déplacement de la part des bombardiers et servans, s'exécuteront au pas de manœuvre, et avec la plus grande célérité.

Dans tous les cas, les bombardiers et servans destinés à agir, s'ébranleront seuls ; les autres resteront immobiles et dans le silence.

Exercice d'un mortier de 12 et de 10 pouces.

1. *Aux ⸗ leviers.*

Les quatre servans se baissent vivement, se saisissent chacun d'un levier et se relèvent ensemble.

2. *Embarrez.*

Les premiers servans embarrent au boulon de la tête, et les seconds à celui de la queue de l'affût; le bombardier marche un pas en avant, tourne à gauche et se place derrière l'affût.

3. *En batterie.*

Les quatre servans agissent ensemble; le bombardier a soin de diriger leurs mouvemens pour faire arriver l'affût au milieu de la plate-forme; le mortier en batterie, il fait un signal des deux mains, auquel les servans débarrent et reprennent, ainsi que lui, la position du premier commandement.

4. *Posez ⸗ vos leviers.*

Le premier servant de gauche et les seconds servans se baissent vivement, posent leurs le-viers sans bruit, et se relèvent ensemble.

5. *Nettoyez* $=$ *le mortier.*

Le bombardier se porte devant la bouche du mortier, en passant derrière le second servant de gauche; le premier servant de gauche prend l'écouvillon, le second servant de droite la curette et le sac à terre; ils remettent ces attirails au bombardier, à mesure qu'il en a besoin pour le nettoiement du mortier, et les reportent à leurs places, après qu'il s'en est servi. Le mortier nettoyé, les deux servans reprennent leurs postes, le bombardier se porte à la gauche du mortier à la hauteur des tourillons et lui fait face.

6. *Dressez* $=$ *le mortier.*

Le bombardier saisit de la main gauche le haut du mortier et l'anse de la main droite; le premier servant de gauche et les seconds servans se portent à son secours; ceux-ci placés aux extrémités du levier, ils dressent le mortier perpendiculairement sur son affût; le mortier dressé, le premier servant pousse un coin de mire sur le devant, et le bombardier un sous le derrière, pour le contenir dans cette situation; cela fait, tous reprennent leurs postes, le premier servant de droite sans quitter son levier.

7. *A la poudre* $=$ *à la bombe.*

Le premier servant de droite prend son levier

7**

par le milieu avec la main droite ; le premier
servant de gauche se saisit du crochet de la
même main , ils se portent en même temps à
hauteur du bombardier , tournent , ainsi que
lui , le dos à l'épaulement , et s'alignent avec
ceux des autres mortiers ; au signal fait par le
servant de gauche de la batterie, tous les pourvoyeurs partent ensemble ; les premiers servans s'arrêtent à la bombe, la saisissent avec
le crochet, et se placent vis-à-vis la gauche du
mortier, l'un devant l'autre, celui de droite en
tête, tenant le petit bout du levier ; le bombardier va au magasin , prend la gargousse,
et revient se placer devant le premier servant
de droite.

8. *La poudre = dans le mortier.*

Le bombardier se porte à la batterie, ayant
la tête à droite pour marcher avec les autres
bombardiers , monte sur l'affût, et verse la
poudre dans le mortier ; le second servant de
gauche prend le refouloir, le donne au bombardier, le remet sur les chevalets lorsqu'il
s'en est servi, et retourne à son poste ; le premier servant porte la bombe devant la bouche
du mortier , en passant par la gauche.

9. *La bombe = dans le mortier.*

Les premiers servans soulèvent la bombe à
l'aide des seconds , qui se portent à leur secours , et se placent de manière à leur faire

face ; ils la descendent très-doucement dans le mortier ; la bombe introduite , le premier servant de gauche remet le crochet à sa place ; le second servant de droite fournit au bombardier tous les attirails qui lui sont nécessaires pour achever de charger le mortier , et les rapporte dans le panier après qu'il s'en est servi ; tous deux reviennent ensuite se placer, tournant le dos à l'épaulement , aux extrémités du levier avec lequel on a soulevé la bombe ; le mortier complétement chargé , le bombardier descend de dessus l'affût, se place à la gauche du mortier , à hauteur des tourillons , et lui fait face.

10. *Baissez = le mortier.*

Les quatre servans présentent le levier contre la volée du mortier ; le premier servant de droite ôte en même temps le coin de mire placé sous le devant, et le pose sur le coussinet ; ils baissent le mortier ensemble , le bombardier ayant soin de le pousser d'abord et de le retenir ensuite avec force pour soulager les servans placés au levier ; le mortier baissé , les quatre servans reprennent leurs postes , le premier de droite sans quitter son levier , et le bombardier se porte à l'épaulement près du quart de cercle.

11. *Aux = leviers.*

Le premier servant de gauche et les seconds

servans se baissent vivement, se saisissent de leurs leviers, et se relèvent ensemble ; le bombardier prend le quart de cercle.

12. *Donnez les degrés = pointez.*

Tournant le dos à l'épaulement, les premiers servans embarrent sous le ventre du mortier, et les seconds servans aux entailles de la queue de l'affût ; le bombardier se porte à la bouche du mortier, y applique le quart de cercle, et lui donne les degrés d'inclinaison nécessaires, à l'aide des premiers servans qui soulèvent et baissent le mortier selon le besoin : les degrés donnés, les premiers servans débarrent pour embarrer aux entailles de la tête de l'affût, le bombardier remet le quart de cercle à sa place, se porte ensuite derrière l'affût, en passant par-dessus les leviers des servans de gauche, et dirige le mortier avec l'à-plomb ; le mortier dirigé, il se retire à son poste ; ce dernier mouvement est précédé d'un signal des deux mains, auquel les quatre servans débarrent et reprennent les positions du commandement précédent.

13. *Posez = vos leviers.*

Les quatre servans se baissent vivement, posent leurs leviers sans bruit, et se relèvent ensemble.

14. *Dégorgez = amorcez.*

Le bombardier dégorge de la main droite, et place l'étoupille avec la main gauche ; le second servant de droite la couvre avec le sac à terre ; le premier servant de droite balaie la plate-forme, et tous reprennent leurs postes.

15. *Au = boute-feu.*

Le bombardier et les quatre servans tournent le dos à l'épaulement ; le second servant de droite se porte, ainsi que le bombardier, à hauteur de la dernière lambourde ; les autres se serrent contre eux à un petit pas de distance.

16. *Marche.*

Le bombardier et les quatre servans sortent ensemble de la batterie ; le premier servant de gauche s'arrête au boute-feu, le saisit de la main droite, l'appuie sur le bras gauche, fait face à l'épaulement ; les autres continuent de marcher, et se placent sur l'alignement pratiqué derrière le boute-feu, en observant, pour l'exécution de ce mouvement, ce qui est prescrit au commandement de l'exercice des pièces de siége et de place.

17. *Front.*

Le bombardier, le premier servant de droite et les seconds servans font face à l'épaulement.

18. *Boute-feu = marche.*

Le premier servant de gauche se porte selon
le côté d'où vient le vent, sur la droite ou
sur la gauche du mortier, et à hauteur de la
queue de l'affût ; à droite il tourne le dos à
l'épaulement, à gauche il y fait face ; il découvre ensuite la lumière, et jette le sac à
terre à sa place ; le bombardier se porte sur
la droite ou sur la gauche de la batterie pour
observer la chute de la bombe.

19. *Haut le bras.*

Le premier servant de gauche frappé du
boute-feu sur le bras gauche, recule le pied
gauche autant qu'il est possible sans se gêner,
tend la jambe gauche, plie le genou droit,
courbe le corps, et porte en même temps son
boute-feu à quatre doigts de la lumière, les
ongles en-dessus, le bras droit tendu, et le
gauche collé le long de la cuisse.

20. *Feu.*

Le premier servant de gauche touche de
son boute-feu l'étoupille placée dans la lumière,
le retire précipitamment dès que le feu prend,
le porte à sa place, et rentre dans sa file.

Exercice d'un mortier de 8 pouces.

1. *Aux = leviers.*

LES deux servans se baissent vivement, se saisissent chacun d'un levier, et se relèvent ensemble.

2. *Embarrez.*

Les deux servans embarrent au boulon de la tête de l'affût ; le bombardier se porte derrière l'affût.

3. *En batterie.*

Les deux servans agissent ensemble , le bombardier a soin de diriger leurs mouvemens pour faire arriver l'affût au milieu de la plate-forme ; le mortier en batterie, il fait un signal des deux mains , auquel les servans débarrent et reprennent , ainsi que lui, la position du premier commandement.

4. *Posez = vos leviers.*

Les deux servans se baissent vivement , posent leurs leviers sans bruit, et se relèvent en-semble.

5. *Nettoyez = le mortier.*

Le bombardier se porte devant la bouche du mortier ; le servant de gauche prend l'écouvillon ; le servant de droite, la curette et le sac à terre ; ils remettent ces attirails au bombardier, à mesure qu'il en a besoin pour le nettoiement du mortier, et les reportent à leurs places, après qu'il s'en est servi ; le mortier nettoyé, les deux servans reprennent leurs postes ; le bombardier se porte à la gauche du mortier, à hauteur des tourillons, et lui fait face.

6. *Dressez le mortier.*

Le bombardier saisit de la main gauche le haut du mortier, et l'anse de la main droite ; les servans le saisissent au collet, ils le dressent perpendiculairement sur son affût ; le mortier dressé, le servant de droite pousse un coin de mire sur le devant, et le bombardier un sous le derrière, pour le contenir dans cette situation ; cela fait, tous trois reprennent leurs postes.

7. *A la poudre = à la bombe.*

Le servant de droite se porte à hauteur du bombardier, tous deux tournent le dos à l'épaulement, et s'alignent en même temps avec ceux des autres mortiers ; au signal fait par le servant de la gauche de la batterie, tous les pourvoyeurs partent ensemble ; le servant de droite s'arrête à la bombe ; le bombardier va au magasin, prend la gargousse et revient se placer devant lui.

8. *La poudre $=$ dans le mortier.*

Le bombardier se porte à la batterie, ayant la tête à droite pour marcher aligné avec les autres bombardiers, se place à la gauche du mortier et y verse la poudre ; le servant de gauche prend le refouloir, le donne au bombardier, le remet sur les chevalets après qu'il s'en est servi, et retourne à son poste ; le servant de droite porte la bombe sur la droite du mortier.

9. *La bombe $=$ dans le mortier.*

Le servant de droite donne la bombe au bombardier, qui la place dans le mortier ; la bombe introduite, le servant de droite fournit au bombardier tous les attirails qui lui sont nécessaires pour achever de charger le mortier, et les reporte dans le panier après qu'il s'en est servi.

10. *Baissez $=$ le mortier.*

Le bombardier et les servans baissent le mortier, en se plaçant comme il est expliqué au sixième commandement ; le mortier baissé, les servans reprennent leurs postes, et le bombardier se porte à l'épaulement.

11. *Aux ═ leviers.*

Comme au premier commandement ; de plus le bombardier prend le quart de cercle.

12. *Donnez les degrés ═ pointez.*

Tournant le dos à l'épaulement, les servans embarrent sous le ventre du mortier, le bombardier se porte à la bouche du mortier, y applique le quart de cercle, et lui donne les degrés d'inclinaison nécessaires, à l'aide des servans qui soulèvent et baissent le mortier selon le besoin ; les degrés donnés, le servant de gauche embarre sous l'entaille de la tête, et celui de droite, sous l'entaille de la queue de l'affût ; le bombardier remet le quart de cercle à sa place, se porte ensuite derrière l'affût, en passant par-dessus le levier du servant de gauche, et dirige le mortier avec l'à-plomb ; le mortier dirigé, il se retire à son poste ; ce dernier mouvement est précédé d'un signal des deux mains, auquel les quatre servans débarrent et reprennent les positions du commandement précédent.

13. *Posez ═ vos leviers.*

Les servans se baissent vivement, posent leurs leviers sans bruit, et se relèvent ensemble.

14. *Dégorgez = amorcez.*

Le bombardier dégorge de la main droite, et place l'étoupille de la gauche ; le servant de droite couvre l'amorce avec le sac à terre ; celui de droite balaie la plate-forme, et tous reprennent leurs postes.

15. *Au = boute-feu.*

Le bombardier et les servans tournent le dos à l'épaulement ; celui de droite se porte, ainsi que le bombardier, à hauteur de la dernière lambourde ; et celui de gauche se serre contre le bombardier, à un petit pas de distance.

15. *Marche.*

Le bombardier et les servans sortent ensemble de la batterie ; le premier servant de gauche s'arrête au boute-feu, le saisit de la main droite, l'appuie sur le bras gauche, et fait face à l'épaulement ; les autres continuent de marcher et se placent sur l'alignement pratiqué derrière les boute-feux, en observant, pour l'exécution de ce mouvement, ce qui est prescrit au commandement de l'exercice des pièces de siége et de place.

17. *Front.*

Le bombardier et le servant de droite font face à l'épaulement.

8 *

18. *Boute-feu = marche.*

Le servant de gauche se porte , selon le côté d'où vient le vent, sur la droite ou sur la gauche du mortier et à hauteur de la queue de l'affût ; à droite, il tourne le dos à l'épaulement ; à gauche, il y fait face ; il découvre ensuite la lumière et jette le sac à terre à sa place; le bombardier se porte sur la droite ou sur la gauche de la batterie, pour observer la chute de la bombe.

19. *Haut = le bras.*

Le servant de gauche frappe du boute-feu sur le bras gauche , recule le pied gauche autant qu'il lui est possible sans se gêner , tend la jambe gauche , plie le genou droit , courbe le corps , et porte en même temps son boute-feu à quatre doigts de la lumière, les ongles en-dessus ; le bras droit tendu , et le gauche collé le long de la cuisse.

20. *Feu.*

Le premier servant de gauche touche de son boute-feu l'étoupille placée dans la lumière, le retire précipitamment dès que le feu prend, le reporte à sa place et rentre dans sa file.

La salve achevée, on fera faire un roulement qui servira de signal aux bombardiers , pour rentrer dans leurs files.

Les bombardiers et servans parfaitement alignés, on commandera :.

Bombardiers et servans, à vos postes = *marche.*

Les premiers servans de chaque mortier marchent droit devant eux, les seconds et le bombardier les suivent en marchant obliquement à droite et à gauche, pour se mettre en file derrière eux; en arrivant en batterie, chaque file s'arrête sans commandement.

Front.

Tous les bombardiers et servans font face à leurs mortiers.

L'exercice fini, on fera les commandemens suivans :

Aux leviers..⎧ Ces trois commandemens
Embarrez....⎨ s'exécuteront comme il a été
En batterie..⎩ dit ci-devant.

Renversez = *le mortier.*

Les deux servans de gauche et le second servant de droite de chaque mortier de 12 et de 10 pouces posent leurs leviers; le premier servant de droite place le sien sous la volée du mortier, qu'on dresse perpendiculairement sur son affût; cela fait, on appuie le levier contre l'anse, et on baisse le mortier du côté opposé à l'épaulement ; le mortier de 8 pouces se renverse sans levier.

Rangez les leviers = placez le tampon.

Les servans posent leurs leviers sur les boulons de manœuvre ; le second servant de droite (aux mortiers de 12 et 10 pouces) place le tampon, et le premier servant de droite balaie la plate-forme ; aux mortiers de huit pouces, ces derniers mouvemens sont exécutés par le servant de droite.

Les cinq derniers commandemens exécutés, on fera sortir le détachement de la batterie, en observant tout ce qui a été prescrit pour le même objet dans l'instruction relative aux pièces de siége et de place.

Nota. Dans le cas où il n'y auroit pas un détachement particulier désigné pour approvisionner la batterie de tous ses armemens et attirails, de les rassembler après l'exercice, et de rapporter au magasin ceux qui doivent y rentrer, ou chargeroit de ce soin les servans de chaque mortier, surveillés par les sous-officiers.

Manière de charger le mortier.

La poudre versée dans la chambre du mortier, on met le papier de la gargousse par-dessus, et on le presse très-légèrement avec lè refouloir ; ensuite on introduit la bombe ; on l'arrange de manière que l'œil se trouve directement dans la direction de l'axe, et on l'assujettit avec quatre éclisses également éloignées les unes des autres, dont deux doivent être placées dans le plan vertical du milieu du mortier.

Au lieu de bombes, on peut mettre des pierres dans le mortier ; cet expédient pourra être employé avec succès dans les cas d'un débarquement, et au moment où les chaloupes approcheront du rivage ; mais alors on ne se servira que de petites charges, mettant un plateau de bois sur la poudre ; et remplissant ensuite le mortier de pierres dures ou de cailloux contenus dans un panier, et dont les intervalles sont garnis de terre battue.

REMARQUE.

Si le quart de cercle est construit de façon qu'il puisse servir en même temps à diriger le mortier, le bombardier, après lui avoir donné les degrés d'inclinaison, montera sur le derrière de l'affût, pour lui donner la direction, et ne rapportera le quart de cercle à sa place que lorsque le mortier sera dirigé.

OBSERVATIONS.

Lorsque les bombardiers et servans seront parfaitement instruits de toutes les fonctions qu'ils ont à remplir, on pourra leur faire faire l'exercice du mortier au son de la caisse, et même à la muette, c'est-à-dire sans autre commandement que celui de *chargez ;* mais dans ce cas on aura la plus grande attention à ce que tous les mouvemens s'exécutent avec ordre et sans confusion ; les mortiers chargés, pointés et amorcés, on fera faire un roulement pendant lequel les bombardiers et servans reprendront leurs postes ; ensuite on commandera :

Au ═ boute-feu.

Le servant de chaque mortier désigné pour y mettre le feu, tourne le dos à l'épaulement ; le bombardier se porte à la droite ou à la gauche de la batterie, pour observer la chute de sa bombe ; les autres ne bougent.

Marche.

Le servant de chaque mortier désigné pour y mettre le feu, va chercher le boute-feu, et retourne de suite à la batterie, sans attendre d'autre commandement.

Le reste comme il a été dit ci-devant.

Instruction particulière sur les fonctions des officiers attachés à la batterie des mortiers.

Les officiers marcheront, en entrant dans batterie, sur le flanc du détachement ; ils ne se transporteront sur l'alignement pratiqué pour eux derrière celui des sous-officiers, que lorsqu'on commencera l'exercice ; et comme on n'en attache point ordinairement un à chaque pièce, ils se placeront vis-à-vis le centre de celles qu'ils seront chargés de surveiller. Ils ne seront point assujettis à rester constamment dans cette position (à moins que ce soit dans un cas de parade), et se porteront partout où ils croiront leur présence nécessaire.

Ils auront soin de faire observer le plus grand silence.

Ils veilleront à ce que les bombardiers et servans placés aux postes qui leur sont assignés des deux côtés de chaque mortier, aient toujours les têtes tournées vers l'épaulement, sans jamais fixer les yeux sur l'officier qui commande ;

A ce qu'ils exécutent tous leurs mouvemens avec ordre, vivacité et précision ; à ce que les bombardiers chargent les mortiers et placent les bombes avec les précautions détaillées ci-devant ;

A ce qu'ils pointent avec justesse en leur montrant la manière de diriger les mortiers, et de leur donner les degrés d'inclinaison, dans le cas où ils n'auroient pas une parfaite connoissance de l'usage du quart de cercle. L'officier qui commandera aura attention de ne faire chaque commandement, qu'après que le précédent aura été exécuté et suivi de la plus grande immobilité.

Au commandement *au = boute-feu*, les officiers iront à la droite ou à la gauche de la batterie, pour observer la chute des bombes, afin de rectifier, pour la salve suivante, le pointement des mortiers dont les bombes se seroient trop écartées du but.

Instruction particulière sur les fonctions des sous-officiers attachés à la batterie des mortiers.

Lorsqu'on formera le détachement pour le service de la batterie des mortiers, chaque sous-officier se placera un pas en avant des premiers servans de son mortier.

En entrant dans la batterie, tous les sous-officiers marcheront sur le flanc du détachement; chacun d'eux s'arrêtera sans commandement vis-à-vis de son mortier, se placera en même temps entre les deux files, à hauteur

des premiers servans, et fera face à l'épaulement à celui de front.

Au commandement *bombardiers et servans à
vos postes = marche*, tous les sous-officiers
marcheront droit devant eux, et s'arrêteront
sur l'alignement tracé à 18 pas de l'épaulement,
et marqué, ainsi que celui des officiers, par
de petits piquets enfoncés en terre, ou par un
rang de gazon.

Au commandement *approvisionnez = la batterie*, les sous-officiers examineront si tous les
armemens et attirails dont la batterie devra être
pourvue, sont placés dans l'ordre prescrit.

Ils auront pendant l'exercice les mêmes attentions que les officiers; ils ne parleront qu'à
voix basse, lorsqu'il faudra reprendre quelqu'un; et s'il est nécessaire qu'ils se déplacent,
ils auront soin de retourner à leurs postes, dès
que le défaut qu'ils auront remarqué sera ré--
paré.

Au commandement *au = boute-feu*, ils feront demi-tour à droite.

Au commandement *marche*, ils marcheront
droit devant eux, iront se placer sur l'alignement pratiqué derrière les boute-feux, et feront
de suite face à la batterie; chacun d'eux se trouvera par ce moyen placé au centre des deux
files de son mortier, lorsqu'elles seront arrivées sur le même alignement.

Pendant la salve, ils veilleront à ce qu'aucun
servant ne s'écarte de l'alignement, les bombardiers devant avoir seuls la liberté de se

porter sur la droite ou sur la gauche de la batterie, pour observer la chute des bombes.

Au commandement *bombardiers et servans, à vos postes = marche*, ils marcheront devant eux pour aller se placer sur l'alignement désigné ci-dessus.

Lorsqu'on fera l'exercice à la muette, c'est-à-dire sans commandement ni coups de baguettes, les sous-officiers ne seront point tenus d'être fixement placés sur leur alignement ; ils pourront, dans ce cas, se rapprocher de leurs mortiers, et se transporter partout où leur présence sera nécessaire pour le bon ordre et la précision de la manœuvre.

Instruction sur le service des pierriers.

Hommes nécessaires pour le service d'un pierrier.

Il faut, pour le service du pierrier, cinq hommes désignés sous la même dénomination que ceux du mortier de 12 et de 10 pouces, placés comme eux et chargés des mêmes fonctions.

Les armemens et attirails pour le mouvoir et le charger, seront aussi les mêmes, à l'exception du crochet de fer, de la spatule, du maillet, du chasse-fusée, des bombes et des éclisses qui deviennent inutiles; on substituera à ces deux derniers objets des plateaux de bois pour mettre sur la poudre, et des paniers remplis de pierres.

Les commandemens de l'exercice du mortier, serviront pour celui de pierrier, et l'exécution sera à peu de choses près semblable; on y fera seulement les changemens que la différence dans la manière de charger ces deux armes rendront indispensables.

Nota. Comme le tir des pierriers n'est pas d'un usage bien fréquent dans les écoles d'artillerie, et qu'on ne les fait jamais servir que par les bombardiers instruits, on pourra réduire les commandemens pour l'exercice de cette bouche à feu à celui de *chargez;* en observant d'ailleurs toutes les précautions détaillées dans l'instruction relative au service du mortier.

Nous Maréchaux-de-camp, Inspecteurs-généraux du corps royal d'artillerie, après avoir reconnu les différences sensibles entre les exercices des bouches à feu à l'usage de l'artillerie dans les sept écoles; jugeant qu'il est indispensable pour le bien du service de prévenir l'arbitraire sur un objet aussi important, et d'y établir l'uniformité, nous avons proposé au premier inspecteur le présent projet pour les différens exercices, qui nous a paru réunir à l'avantage d'être simplifié, celui inappréciable d'appliquer les mêmes commandemens et mouvemens pour les manœuvres et exercices

des bouches à feu dans presque tous les cas ;
ce plan ayant été approuvé par le premier inspecteur , nous avons arrêté qu'il seroit suivi
et pratiqué dans toutes les Ecoles , sans qu'il
y soit apporté aucun, changement de la part
des Etats-majors des régimens ; nous invitons
MM. les Commandans des Ecoles , Colonels et
commandans des régimens , de tenir la main
à son exécution.

A Paris, le 21 avril 1786.

Signé, Thiboutot , de la Mortière ,
le Comte de Rostaing.

Vu bon, Gribeauval.

———————————

SUPPLÉMENT

A

L'INSTRUCTION

SUR LE SERVICE DES BOUCHES A FEU DE L'ARTILLERIE (1).

Manœuvre d'une pièce de quatre de campagne.

Il faut huit hommes pour manœuvrer une pièce de quatre, savoir : deux sous la dénomination de *canonniers*, six sous celle de *servans*. On place les huit hommes sur deux files ; quatre à droite, quatre à gauche. Le commandant fait alors le commandement :

Canonniers , servans , à vos pièces ⚏ marche (2).

Les premiers servans s'arrêtent à hauteur de la volée (A premier servant de droite, B pre-

(1) Ce supplément n'est pas officiel ; on l'a tiré de l'ouvrage publié , en 1792, par M. Bricard , alors instructeur de canonniers à la cinquième légion.

(2) Fig. 1.

9 ²

mier servant de gauche). Les seconds servans s'arrêtent à hauteur du moyeu des grandes roues (C second servant de droite, D second servant de gauche). Les canonniers à hauteur du moyeu des petites roues (E canonnier de droite, F canonnier de gauche). Les troisièmes servans se placent entre les canonniers et les seconds servans (G troisième servant de droite, H troisième servant de gauche). S'il y avoit des chevaux, ils se placeroient à la hauteur de la tête.

Front.

Les canonniers et servans font face à leur pièce, et s'alignent sur les premiers servans, le rang de droite voit sa droite, le rang de gauche voit sa gauche.

Equipez-vous.

Les premiers servans distribuent les sacs, bricoles, boute-feux et porte-lances dans l'ordre suivant : le premier servant de droite donne un sac à lance, un boute-feu, un porte-lance et une bricole au second de son côté ; il garde pour lui une bricole : le premier servant de gauche donne un sac à étoupille, un dégorgeoir et une bricole au second de son côté, un sac à munition au troisième servant, et garde pour lui un sac à munition et une bricole.

Nota. Les sacs se placent les premiers ; ils se portent

de droite à gauche, et les bricoles de gauche à droite, par-dessus les sacs.

En avant (1).

Le canonnier de gauche détache un levier, à l'aide du premier servant, le porte au bout du timon, le place en croix, le petit bout le premier, dans les boucles qu'a dû former le canonnier de droite, se place à ce levier (E canonnier de droite, F canonnier de gauche). Les troisièmes servans, en dehors à ce même levier (G troisième servant de droite, H troisième servant de gauche). Les seconds servans accrochent aux doubles crochets de crosse; celui de droite, de la main droite ; celui de gauche, de la main gauche (C second servant de droite, D second servant de gauche). Les premiers aux flottes à crochets; celui de droite, de la main droite; celui de gauche, de la main gauche (A premier servant de droite, B premier servant de gauche).

Soutenez en retraite (2).

Quand il n'y a que les premiers servans qui y passent, ils ôtent leurs bricoles des épaules, les vont accrocher à la tête d'affût, tenant les banderoles dans les mains (A premier servant

---

(1) Fig. 2.

(2) Fig. 3.

de droite , B premier servant de gauche). *En avant*, ils repassent du côté de l'avant-train. Quand on fait le commandement, *premiers et seconds servans = soutenez en retraite*, les premiers servans font comme il est expliqué ci-devant ; les seconds servans ôtent leurs bricoles des épaules, les vont accrocher aux flottes à crochets , tenant les banderoles dans les mains (C second servant de droite , D second servant de gauche). *En avant*, ils repassent du côté de l'avant-train.

A vos postes.

Chacun reprend son poste ; le canonnier de gauche pose son levier à terre , le gros bout du côté de la volée (*Voy.* fig. 1re).

Otez l'avant-train.

Le garde-munition lève le bout du timon ; le canonnier de droite décroche la chaine d'embrelage , soulève l'affût à l'aide du canonnier de gauche ; dès que la cheville ouvrière est hors de la lunette, le garde-munition éloigne l'avant-train de quatre à cinq pas ; les canonniers posent la crosse à terre, enlèvent le coffret, le portent sur l'avant-train que le garde-munition éloigne de quinze à vingt pas , en appuyant par sa droite, de manière qu'en tournant par sa gauche, la flèche se trouve dans la direction de la pièce ; le second servant de gauche détache le levier, en passe un au second de droite, et tous deux les placent dans les anneaux de pointage (*Voy.* fig. 7e). Les premiers servans se placent à hauteur de la volée, à dix-huit pouces hors de l'alignement des roues (A premier servant de droite, B premier servant de gauche). Celui de droite prend son écouvillon à l'aide du second, le tient horizontalement, la main droite sur le bout de la hampe en-dessus, et la gauche à deux pieds du refouloir en-dessous. Les seconds servans à hauteur du bouton de culasse, alignés sur les premiers (C second servant de droite, D second servant de gauche). Les canonniers se placent au centre des leviers de pointage, alignés aussi sur les premiers (E canonnier de droite, F canonnier de gauche). Les troisièmes servans se placent à hauteur de la tête des chevaux, alignés sur leurs files faisant face à l'ennemi (G troisième servant de gauche).

En action (1).

Le troisième servant de gauche se porte à la pièce au pas de manœuvre, a soin de fournir des munitions au premier servant de gauche, et tous les trois ou quatre coups, lui en rapporte jusqu'à la fin du roulement ; pendant l'action, il est placé entre la flèche et les leviers

____

(1) Fig. 4.

de pointage, aligné sur sa file faisant face à l'ennemi (H troisième servant de gauche. Il est chargé, pendant l'action, de fournir des munitions au premier servant de droite). Il est garde du coffret, placé, pendant l'action, derrière l'avant-train, il a soin de fournir des munitions au troisième servant de gauche. A la fin du roulement, ils reprennent leurs postes à hauteur de la tête des chevaux, toujours alignés sur les servans de la pièce, leur faisant face. Les premiers servans sont placés à dix-huit pouces hors l'alignement des roues, à hauteur de la volée : ils se fendent ; celui de droite, de la jambe gauche, plie sur le genou de ce côté, tend la jambe droite ; celui de gauche en sens contraire (A premier servant de droite, B premier servant de gauche). Le second servant de droite fait un demi-à-gauche, allume sa lance et place le seau de la main droite sous la fusée de l'essieu, tournant presque le dos à l'ennemi (C second servant de droite). Le canonnier se porte de la jambe droite, fendu des deux, au bout des leviers de pointage, dirige sa pièce, se retire à son poste du mouvement contraire, et aussitôt que le pourvoyeur est arrivé à hauteur des leviers de pointage, il fait le commandement *chargez* (E canonnier de droite). A ce commandement, le canonnier de gauche F se porte d'un grand pas de la jambe droite, qu'il place contre, et à trois pouces de la crosse, se fend de la jambe gauche en avant, plie sur le genou de ce côté, tend la jambe droite, bouche la lumière du grand doigt de la main gauche, et de la droite donne les degrés; la pièce chargée, il se retire à son poste. Le second servant de gauche D se porte à la culasse de la jambe gauche, assemble de la droite, dégorge de la main droite, amorce de la gauche, se retire à son poste du mouvement contraire, et fait le signal de la main droite au second servant de droite d'y mettre le feu, à moins que l'officier ne le commande. Le second servant de droite C met le feu à la pièce au signal du second servant de gauche, le bras tendu, les ongles en l'air, la lance à deux pouces environ de l'étoupille, le reporte devant lui perpendiculairement pendant à gauche; le commandement de roulement n'est qu'un avertissement. A celui de fin de roulement, il coupe sa lance, raccroche le seau de la main droite, fait face à sa pièce; les premiers servans se redressent, le coup parti.

Amenez l'avant-train en avant.

Le garde-munition se porte au bout du timon, amène l'avant-train en passant par la droite de la pièce. Les servans et le canonnier de ce côté se serrent contre les flasques pour laisser passer l'avant-train; le premier servant replace son écouvillon, le second le raccroche; les canonniers se portent aux leviers de pointage, font tourner l'affût par leur gauche, et

les deux premiers servans font tourner chacun
leur roue par leur gauche ; dès que la pièce
a tourné , les canonniers ôtent les leviers de
pointage, les passent au second servant de
gauche , qui les replace à l'aide du premier ;
les canonniers ôtent le coffret de dessus l'avant-
train , le portent dans le délardement des flasques , et soulèvent la crosse ; le troisième servant de droite lève la flèche : dès que la cheville ouvrière est dans la lunette , le canonnier
de droite raccroche la chaîne d'embrelage , le
gros crochet en-dessus , et tous reprennent
leurs postes (*Voy.* fig. 1).

En batterie.

On ne suit les mêmes principes que pour
ôter l'avant-train , à l'exception que l'avant-
train tourne par la gauche , qu'on le reconduit à la place par le côté opposé à celui où il
est arrivé , et que les canonniers font tourner
l'affût par la droite.

En avant (1).

Le premier servant de droite A passe son
écouvillon dans la main droite horizontalement, la brosse devant lui , accroche de la main
gauche , à la tête de l'affût , celui de gauche B

---

(1) Fig. 5.

de la main droite ; les seconds servans accrochent aux flottes à crochets ; celui de droite C de la main gauche ; celui de gauche D de la main droite : les canonniers se portent aux leviers de pointage (E canonnier de droite , F canonnier de gauche). Au commandement de *marche*, ils soulèvent la crosse des deux mains , et à celui de *halte*, ils la posent à terre en appuyant sur les leviers. Le troisième servant de droite G , au commandement de *marche*, lève la flèche et suit le mouvement de la pièce ; le troisième servant de gauche H se place derrière le coffret pour aider à pousser l'avant-train. Quand il y a des chevaux , il se place entre les canonniers ; au commandement de *marche*, il lève la crosse, plaçant ses mains au bout des leviers ; et à celui de *halte*, il pèse dessus.

En retraite (1).

Les canonniers font demi-tour à droite (E canonnier de droite, F canonnier de gauche). Au commandement de *marche*, ils soulèvent la crosse d'une main , et à celui de *halte*, ils la posent à terre, en appuyant sur les leviers. Les seconds servans accrochent aux doubles crochets de crosse ; celui de droite C de la main droite, celui de gauche D de la gauche. Les premiers servans accrochent aux flottes à

---

(1) Fig. 6.

crochets ; celui de droite A passe son écouvillon dans la main gauche, le tient horizontalement ; accroche de la main droite, et celui de gauche B de la gauche. Le troisième servant de droite G tourne la flèche par sa gauche. Au commandement de *marche*, il lève la flèche et marche. A celui de *halte*, la pose à terre. *A vos postes*, ramène toujours la flèche par sa droite dans la direction de la pièce. Le troisième servant de gauche se porte derrière l'avant-train ; et, s'il y avoit des chevaux, il se placeroit à la volée de la pièce, la main droite sur l'anse gauche de la pièce, et la gauche sur la bouche.

A vos postes (1).

Chacun reprend son poste. Les premiers servans se placent à dix-huit pouces hors de l'alignement des roues à hauteur de la volée (A premier servant de droite, B premier servant de gauche). Les seconds servans se placent à hauteur du bouton de culasse (C second servant de droite, D second servant de gauche). Les canonniers se placent au centre des leviers de pointage (E canonnier de droite, F canonnier de gauche). Les troisièmes servans se placent à hauteur de la tête des chevaux, faisant face à l'ennemi, alignés sur leur file (G troisième servant de droite, H troisième servant de gauche).

---

(1) Fig. 7.

En parade (1).

Tous les canonniers et servans font face à l'ennemi, les premiers servans A B à hauteur de la volée ; celui de droite A passe son écouvillon dans la main droite ; les seconds servans se placent à hauteur du moyeu des grandes roues (C second servant de droite , D second servant de gauche). Les canonniers se placent à hauteur du bouton de culasse (E canonnier de droite , F canonnier de gauche). Les troisièmes se placent à hauteur de la tête des chevaux , faisant face à leur pièce (G troisième servant de droite , H troisième servant de gauche). Au commandement *à vos postes* , ils reprennent tous leurs postes. (*Voy*. fig. 7).

Amenez l'avant-train.

Le premier servant de droite place son écouvillon , le second le raccroche. Le troisième servant de droite ramène l'avant-train en appuyant par sa droite , de manière qu'en tournant par sa gauche, la cheville ouvrière se trouve dans la direction de la lunette , les canonniers passent leurs leviers au second servant de gauche, qui les replace à l'aide du premier , prennent le coffret de dessus l'avant-

____

(1) Fig. 8.

train , le placent dans le délardement des flasques et soulèvent la crosse. Le troisième servant de droite lève le bout du timon. Dès que la cheville ouvrière est dans la lunette , le canonnier de droite raccroche la chaîne d'embrelage , le crochet en-dessus , et tous reprennent leurs postes.

Déséquipez-vous.

Les premiers servans font un paquet des sacs , bricoles, boute-feu et porte-lance , le rentrent dans le magasin , ainsi que le seau , le tire-bourre et l'écouvillon.

Remplacement des hommes tués.

Si je dis : *Second servant de gauche manque,* le premier le remplace. Après avoir placé la charge, il se porte à la culasse, dégorge, amorce , se retire, fait le signal au second de droite d'y mettre le feu , et vient ensuite à son poste de premier servant en action. Si je dis : *Second servant de droite manque* , le canonnier de droite le remplace : il est chargé de deux fonctions ; de diriger la pièce, de se retirer , de faire le commandement *chargez* , et de venir par un à gauche à la position du second servant, pour mettre le feu au signal du premier servant de droite. Si je dis : *Canonnier de gauche manque*, le canonnier de droite le remplace ; il est chargé de trois fonctions ; de diriger la pièce , de faire le commandement *chargez,* de

boucher la lumière, et de donner les degrés:
la pièce chargée, il passe par-dessus les flasques, conservant le doigt sur la lumière, jusqu'à ce qu'il ait traversé l'affût, fait un demi-
à-gauche, prend la lance, et met le feu au signal du premier servant de gauche. A la fin du
roulement, il coupe sa lance, et raccroche le
sceau ; les premiers servans se redressent, le
coup parti.

Dénomination générale, tant du bois que des ferrures, composant une pièce de quatre de campagne.

UNE pièce de quatre est composée d'un affût
et d'un avant-train, qui sert à la conduire dans
ses longues marches ou trajets.

Un canon de quatre est composé d'un bouton de culasse, la culasse, la plate-bande de
culasse et sa moulure, la hausse, la lumière,
premier renfort, cordon du premier renfort et
sa moulure, second renfort où sont pratiquées
les anses ; les embases et les tourillons ; cordon
du second renfort et sa moulure ; troisième renfort ou volée, astragale de volée, collet, point
de mire, boulet, bouche, et l'ame qui va jusqu'au fond.

Affût de quatre de campagne.

Un affût est composé de deux flasques, trois

entre-toises , entre-toise de lunette, entre-
toise de support, entre-toise de volée , une
semelle d'affût tenant à l'entre-toise de volée.

Ferrures.

Elles consistent en deux boulons rivés derrière l'entre-toise de lunette avec leurs vis et
écrous, quatre boulons d'assemblage avec leurs
vis et écrous , deux doubles crochets de crosse,
deux bouts d'affûts , quatre anneaux de pointage , deux grands , deux petits ; une plaque
de lunette , une contre-plaque de lunette , un
anneau d'embrelage avec son piton , ses vis et
ses écrous ; quatre liens de flasques , délardement du coffret ; deux têtes d'affût , bandes
fortes couvrant les flasques, molle bande couvrant le talus des flasques , deux susbandes ,
deux sous-bandes avec leurs clavettes , chaî-
nettes et leurs pitons ; deux chevilles à têtes
plates, deux chevilles mentonnées , un boulon
tenant à l'entre-toise de volée , un anneau
carré , porte-leviers avec ses pitons ; vis et
écrous ; un crochet recourbé, porte-leviers avec
sa chaînette , sa clef et son piton ; un crochet
à pointe droite , porte-écouvillon ; un crochet
recourbé tenant au boulon de l'entre-toise , un
support avec sa chaînette , sa clef et son piton ;
un crochet pour le seau, un anneau d'enrayage
et sa chaîne , deux plaques de frottement de
sassoire , une semelle d'affût composée d'un
bandeau et sa calotte, une charnière pour la

semelle tenant à l'entre-toise de volée, un étrier à tourniquet, une manivelle, deux anneaux de support, un essieu en fer et sa fusée, deux brides tenant l'essieu avec leurs vis et écrous.

Roues.

Une roue est composée d'un moyeu, six jantes, douze rais, leurs pattes et leurs broches; six goujons, six clous rivés, six bandes de fer, à chaque bande dix clous qui forment pour la roue soixante clous; deux cordons et deux frettes tenues par des caboches, cordon du petit bout, cordon du gros bout, frette du petit bout, frette du gros bout, une emboîture de cuivre avec ses tenons, une rondelle, une flotte à crochet, une esse.

Coffret et quelles sont ses ferrures.

Jamais une pièce de canon ne marche sans coffret; sa longueur est d'un pied et demi, sa hauteur est de huit pouces, son intérieur est divisé par cases pour placer les munitions; ses ferrures consistent en deux bandes en croix tenant le fond du coffret, deux pitons, deux charnières, un moraillon à pattes et son tourniquet.

Seau.

Une pièce de canon a toujours un seau rempli d'eau pour rafraîchir l'écouvillon et la pièce;

sa hauteur est de neuf pouces et demi ; ses ferrures consistent en deux pattes pour l'anse , trois cercles , une anse , une poignée pour le tampon.

Leviers.

Il y a trois leviers pour une pièce de quatre, savoir : deux de pointage et un de support. Ils sont arrondis dans toute leur longueur; à l'un des bouts est une virole pour entrer dans les anneaux de pointage , et à quatre pouces est un clou carré que l'on nomme arrêtoir, parce qu'il empêche les leviers de sortir des anneaux ; à l'autre extrémité est une autre virole avec une happe qui sert pour tenir les leviers dans le crochet recourbé : leur hauteur est de cinq pieds.

Ecouvillon.

Un écouvillon d'une pièce de quatre a un pouce et demi de diamètre ; il est composé d'une manivelle avec sa garniture en fer ; le corps s'appelle hampe, au bout de laquelle est une brosse ronde que l'on nomme écouvillon , qui sert de refouloir avec sa boîte ; sa longueur est de quatre pieds huit pouces.

Avant-train.

Un avant-train est composé de deux armons, une félette , un corps d'essieu en bois , une sassoire, une volée , un timon et deux palonniers ;

ses ferrures consistent en deux étriers tenant à l'essieu avec leurs brides, leurs vis et écrous; deux heurtequins à pattes, deux boulons de sassoire, deux crochets de prolonge, deux anneaux de prolonge, deux happes à crochets au bout du timon, une frette d'armons, une coiffe de sellette, une cheville ouvrière, deux lamettes de tirans, deux lamettes de palonniers, deux tirans de volée, deux anneaux lians de lamettes, une chaîne d'embrelage, et deux chaînes au bout du timon.

MANŒUVRE DE FORCE.

Mettre à terre une pièce de quatre sans chèvre.

Il faut deux bricoles : on dispose les canonniers et servans sur deux rangs, quatre à droite, quatre à gauche de l'affût, comme si l'avant-train y étoit. *La pièce à terre :* les deux seconds servans ôtent les susbandes, et calent les roues en avant; les canonniers lèvent les flasques jusqu'à ce que la volée de la pièce touche à terre. Les premiers servans détachent leurs bricoles des épaules et accrochent la boucle du trait aux tourillons; ils les tiennent des deux mains par les bretelles, les tendant obliquement, le corps effacé du côté de la pièce; les deuxièmes servans se portent à leur secours, et le saisissent par le trait. *Ferme :* les quatre servans agissent fortement sur les boucles pour renverser la pièce; lorsqu'elle est renversée les premiers servans décrochent leurs bricoles et les replacent aux épaules ; les canonniers abattent la crosse qu'ils prennent à bras ; les troisièmes servans remettent les susbandes, se placent aux roues , et tous quatre éloignent l'affût.

Monter une pièce de quatre sur son affût sans chèvre.

Il faut un levier : on dispose les canonniers sur deux rangs , quatre à droite , quatre à gauche de la pièce, y faisant face , les premiers servans du côté de la volée.

Montez la pièce ; le premier servant de gauche ayant un levier qu'il place dans la volée de la pièce , la redresse : si elle avoit les anses en-dessus , le premier servant la renverseroit, en agissant des deux mains sur les tourillons. Les canonniers et les troisièmes servans mettent l'affût dans le prolongement de la pièce , la tête du côté de la volée ; ils l'approchent jusqu'à ce qu'elle soit à hauteur du bourrelet ; lorsqu'elle y est, les troisièmes servans ôtent les susbandes et se placent aux roues pour les maintenir : les canonniers soulèvent la crosse à hauteur d'épaule, le premier servant de gauche passe son levier en travers sur le bouton ; celui de droite se place à l'extrémité de ce levier, et les deux seconds servans au centre. *Ferme :* ces quatre servans agissent ensemble avec force, pour soulever la culasse et mettre la pièce debout sur la bouche ; lorsqu'elle y est à moitié dressée , les deuxièmes servans saisissent d'une main l'anse de leur côté ; ils la poussent ainsi pendant que les premiers servans la font tomber doucement entre les flasques. Dès que les tourillons sont engagés dans leurs encastremens , les canonniers abattent la crosse jusqu'à terre ; les troisièmes servans replacent les susbandes , et tous reprennent leurs postes.

TABLE

DES MATIÈRES.

pages.

FIN DE LA TABLE DES MATIÈRES.

De l'Imprimerie de DEMONVILLE, rue Christine.

SERVICE D'UNE PIÈCE DE HUIT.

POSITIONS ET FONCTIONS DES HOMMES PLACÉS A LA DROITE DE LA PIÈCE.

	1er CANONNIER.	1er SERVANT.	2e SERVANT.	3e SERVANT.	4e SERVANT.	5e SERVANT.
A VOS POSTES.	Fait face à la pièce, se place vis-à-vis le milieu des leviers de pointage, sur l'alignement du premier servant.	Fait face à la pièce, se place à hauteur de la bouche, dix-huit pouces hors de l'alignement des roues, est chargé d'une longue bricole pendante à droite, et d'un écouvillon qu'il tient des deux mains horizontalement.	Fait face à la pièce, se place à hauteur du bouton de la culasse, sur l'alignement du premier servant, est chargé d'un sac à lances pendant à gauche, et d'un boute-feu qu'il tient de la main droite.	Fait face à l'ennemi, se place à hauteur de la tête des chevaux, sur l'alignement des servans employés à l'exécution de la pièce, est chargé d'une courte bricole pendante à droite.	Fait face à l'ennemi, se place derrière le troisième servant, est chargé d'une longue bricole pendante à droite.	Fait face à l'ennemi, se place derrière le chargé d'une courte bricole pendante à droite.
EN PARADE.	Se porte par un à droite, à la hauteur du bouton de la culasse, sur l'alignement du premier servant, faisant face à l'ennemi.	Sans quitter sa place, fait face à l'ennemi par un à droite, porte l'écouvillon sur l'épaule droite, le refermoir en l'air.	Se porte par un à droite à hauteur de l'essieu sur l'alignement du premier servant, faisant face à l'ennemi.	Même position que ci-dessus.	Même position que ci-dessus.	Même position que ci-dessus.
EN ACTION.	Partant du pied droit, se porte par un grand pas entre les leviers de pointage, dirige la pièce, se retire à son poste par les mouvemens contraires et fait le commandement chargez.	Pour se mettre à couvert de l'explosion de la poudre, il écarte vivement la jambe gauche, et tend la jambe droite, au commandement chargez, se porte à la volée par un grand pas du pied gauche, le plaçant à hauteur de l'astragale, posant le droit sur le même alignement, et parallèlement à la pièce, les talons distans d'environ deux pieds; il écouvillonne, enfonce la cartouche à l'aide du premier servant de gauche et se retire par les mouvemens contraires.	Décroche le seau, le pose sous la fusée de l'essieu, fait un demi à gauche, portant le boute-feu en-dehors, met le feu au signal du second servant de gauche, ou au commandement de l'officier.	Même position que ci-dessus.	Même position que ci-dessus.	Même position que ci-dessus.
EN AVANT.	Saisit des deux mains le levier de pointage.	S'accroche le premier, et de la main gauche à la tête de l'affût, et porte l'écouvillon sur l'épaule droite.	Se porte au levier de manœuvre, fait effort contre, pour aider au mouvement de la pièce.	S'accroche le second, et de la main gauche, à la tête de l'affût.	S'accroche le premier et de la main gauche, au bout de l'essieu.	S'accroche le second, et de la main gauche, au bout de l'essieu.
EN RETRAITE.	Saisit de la main droite le levier de pointage.	S'accroche le second, et de la main droite au bout de l'essieu, et porte l'écouvillon sur l'épaule gauche.	Les servans ayant accroché leurs bricoles, ils se portent aux leviers de manœuvre, et font effort contre, comme ci-dessus.	S'accroche le premier, et de la main droite au bout de l'essieu.	S'accroche le premier, et de la main droite à la crosse.	S'accroche le second, et de la main droite à la crosse.

POSITIONS ET FONCTIONS DES HOMMES PLACÉS A LA GAUCHE DE LA PIÈCE.

	1er CANONNIER.	1er SERVANT.	2e SERVANT.	3e SERVANT.	4e SERVANT.	5e SERVANT.
A VOS POSTES.	Fait face à la pièce, se place vis-à-vis le milieu de la pièce de pointage, sur l'alignement du premier servant.	Fait face à la pièce, se place à hauteur de la bouche; dix-huit pouces hors de l'alignement des roues, est chargé d'une longue bricole pendante à droite.	Fait face à la pièce, se place à hauteur du bouton de la culasse, sur l'alignement du premier servant, est chargé d'un dégorgeoir qu'il tient de la main droite, et d'un sac à étoupille en ceinture.	Fait face à l'ennemi, se place à hauteur de la tête des chevaux, sur l'alignement des servans employés à l'exécution de la pièce, est pourvoyeur, et chargé d'une courte bricole, pendante à droite et d'un sac à cartouches pendant à gauche.	Fait face à l'ennemi, se place derrière le troisième servant, est pourvoyeur de la pièce, chargé d'une longue bricole pendante à droite, et d'un sac à cartouches pendant à gauche.	Fait face à l'ennemi, se place derrière le quatrième servant, pourvoyeur de la pièce, chargé d'une courte bricole pendante à droite, et d'un sac à cartouches pendant à gauche.
EN PARADE.	Se porte par un à gauche, à hauteur du bouton de la culasse, à hauteur du premier servant, faisant face à l'ennemi.	Sans quitter sa place, fait face à l'ennemi par un à gauche.	Se porte par un à gauche, à hauteur de l'essieu sur l'alignement du premier servant, faisant face à l'ennemi.	Même position que ci-dessus.	Même position que ci-dessus.	Même position que ci-dessus.
EN ACTION.	Ne bouge. Au commandement chargez, il fait un pas du pied droit vers la crosse, se fend du gauche, tend la jambe droite, saisit de la main droite la manivelle de la vis de pointage, bouche la lumière avec le second de la gauche, donne les degrés, se retire à son poste lorsque la pièce est chargée et pointée.	Pour se mettre à couvert de l'explosion de la poudre, il écarte vivement la jambe droite, plie le genou, se penche sur le côté droit, et tend la jambe gauche au commandement chargez, se porte à la volée par un grand pas du pied droit, le plaçant à hauteur de l'astragale, posant le droit sur le même alignement, et parallèlement à la pièce, les talons distans d'environ deux pieds, écouvillonne avec le premier servant de droite, reçoit par sa droite la cartouche des mains d'un pourvoyeur, la place, l'enfonce et refoule avec le même servant, et se retire par des mouvemens contraires.	Ne bouge. Le canonnier de gauche ayant débouché la lumière et retiré à son poste, celui-ci partant du pied gauche assemblant un droit, se porte à la culasse, dégorge de la main droite, place l'étoupille de la gauche, se retire par les mouvemens contraires, fait avec son dégorgeoir le signal du feu, à moins que l'officier ne le commande.	Alterne avec les quatrième et cinquième servans de gauche pour pourvoir la pièce de munitions.	Alterne avec le troisième et le cinquième de gauche, pour pourvoir la pièce de munitions.	Alterne avec le troisième et le quatrième de gauche, pour pourvoir la pièce de munitions.
EN AVANT.	Saisit des deux mains le levier de pointage.	S'accroche le premier, et de la main droite, à la tête de l'affût.	Se porte au levier de manœuvre, fait effort contre, pour aider au mouvement de la pièce.	S'accroche le second et de la main droite, à la tête de l'affût.	S'accroche le premier, et de la main droite au bout de l'essieu.	S'accroche le second et de la main droite au bout de l'essieu.
EN RETRAITE.	Saisit de la main gauche le levier de pointage.	S'accroche le second, et de la main gauche, au bout de l'essieu.	Idem que le second servant de droite.	S'accroche le premier, et de la main gauche au bout de l'essieu.	S'accroche le premier, et de la main gauche à la crosse.	S'accroche le second, et de la main gauche à la crosse.

POSITIONS ET FONCTIONS DU ONZIEME SERVANT.

A VOS POSTES.	EN PARADE.	EN ACTION.	EN AVANT.	EN RETRAITE.
Se place près du coffret.	Se place près du coffret.	Distribue les munitions aux pourvoyeurs de la pièce, a soin de tenir toujours le coffret.	Saisit le cheval de droite par la bride, pour aider à conduire l'avant-train.	Même mouvement que ci-contre.

Note. Toutes les bricoles seront pendantes de gauche à droite; les sacs à cartouches et à lances à feu seront de droite à gauche, et pourront servir de bricoles. Dans le détail de ces exercices, on n'a point décrit les mouvemens de l'écouvillon. Tous les régimens d'artillerie en ont tellement la pratique, que c'est sur [...] étendre sans objet cette instruction.

SERVICE D'UNE PIÈCE DE QUATRE.

POSITIONS ET FONCTIONS DES HOMMES PLACÉS A LA DROITE DE LA PIÈCE.

	1er CANONNIER.	1er SERVANT.	2e SERVANT.	3e SERVANT.
A VOS POSTES.	Fait face à la pièce, se place vis-à-vis le milieu des leviers de pointage, sur l'alignement du premier servant.	Fait face à la pièce, se place à hauteur de la bouche, dix-huit pouces hors de l'alignement des roues, est chargé d'une bricole pendante à droite, et d'un écouvillon qu'il tient des deux mains horizontalement.	Fait face à la pièce, se place à hauteur du bouton de la culasse, sur l'alignement du premier servant, est chargé d'une bricole pendante à droite, d'un sac à lances pendant à gauche, et d'un boute-feu ou porte-lance qu'il tient de la main droite.	Fait face à l'ennemi, se place à l'avant-train à côté du cheval de droite.
EN PARADE.	Se porte par un à-droite, à la hauteur du bouton de la culasse, sur l'alignement du premier servant, faisant face à l'ennemi.	Sans quitter sa place, fait face à l'ennemi par un à-droite, et porte l'écouvillon de la main droite, horizontalement.	Se porte par un à-droite à hauteur de l'essieu, sur l'alignement du premier servant, faisant face à l'ennemi.	Même position que ci-dessus.
EN ACTION.	Partant du pied droit, se porte par un grand pas aux leviers de pointage, dirige la pièce, se retire à son poste par un mouvement contraire, et fait le commandement chargez.	Pour se mettre à couvert de l'explosion de la poudre, il écarte vivement la jambe gauche, plie le genou, se penche sur le côté gauche, et tend la jambe droite; au commandement chargez, se porte par un grand pas à la volée, partant du pied gauche, le plaçant à hauteur de l'astragale, posant le droit sur le même alignement, et parallèlement à la pièce; les talons distants d'environ deux pieds, il reconvillonne, enfonce la cartouche, et se retire par les mouvements contraires.	Décroche le seau, le pose sous la fusée de l'essieu, porte le boute-feu en-dehors, et met le feu au signal du second servant de gauche, ou au commandement de l'officier.	Se porte au coffret, distribue les cartouches au pourvoyeur de la pièce, a soin de tenir toujours le coffret fermé.
EN AVANT.	Saisit des deux mains le levier de pointage.	S'accroche de la main gauche à la tête de l'affût, porte de la droite l'écouvillon horizontalement.	S'accroche de la main gauche au bout de l'essieu, et porte le boute-feu de la droite.	Saisit le cheval de droite par la bride, pour aider à conduire l'avant-train.
EN RETRAITE.	Saisit de la main droite le levier de pointage.	S'accroche de la main droite au bout de l'essieu, et porte de la gauche l'écouvillon horizontalement.	S'accroche de la main droite à la crosse, et porte le boute-feu de la gauche.	Mêmes mouvemens que ci-dessus.

POSITIONS ET FONCTIONS DES HOMMES PLACÉS A LA GAUCHE DE LA PIÈCE.

	1er CANONNIER.	1er SERVANT.	2e SERVANT.	3e SERVANT.
A VOS POSTES.	Fait face à la pièce, se place vis-à-vis le milieu des leviers de pointage, sur l'alignement du premier servant.	Fait face à la pièce, se place à hauteur de la bouche, dix-huit pouces hors de l'alignement des roues, est pourvoyeur de la pièce, chargé d'une bricole pendante à droite, et d'un sac à cartouches pendant à gauche.	Fait face à la pièce, se place à hauteur du bouton de la culasse, sur l'alignement du premier servant, est chargé d'une bricole pendante à droite, d'un dégorgeoir qu'il tient de la main droite, et d'un sac à étoupille en ceinture.	Se place à l'avant-train à côté du cheval de gauche, est pourvoyeur de la pièce, chargé d'un sac à cartouches pendant à gauche.
EN PARADE.	Se porte par un à-gauche à hauteur du bouton de la culasse, sur l'alignement du premier servant, faisant face à l'ennemi.	Sans quitter sa place, fait face à l'ennemi par un à-gauche.	Se porte par un à-gauche à hauteur de l'essieu, sur l'alignement du premier servant, faisant face à l'ennemi.	Même position que ci-dessus.
EN ACTION.	Ne bouge. Au commandement chargez, il fait un pas du pied droit vers la crosse, se fend du gauche, tend la jambe droite, saisit, de la main droite la manivelle de la vis de pointage, bouche la lumière avec le second doigt de la gauche, donne les degrés, se retire à son poste lorsque la pièce est chargée et pointée.	Pour se mettre à couvert de l'explosion de la poudre, il écarte vivement la jambe droite, plie le genou, se penche sur le côté droit, et tend la jambe gauche. Au commandement chargez, se porte par un grand pas à la volée, partant du pied droit, le plaçant à hauteur de l'astragale, assemblant du gauche sans écarter les talons, place la cartouche, se retire aussitôt à son poste par les mouvemens contraires.	Ne bouge. Le canonnier de gauche ayant débouché la lumière, et retiré à son poste, celui-ci, partant du pied droit, assemblant du gauche, se porte à la culasse, dégorge de la main droite, place l'étoupille de la gauche; se retire par les mouvemens contraires, fait avec son dégorgeoir le signal du feu, à moins que l'officier ne le commande.	Porte les munitions au premier servant de gauche, le remplace au besoin dans ses fonctions.
EN AVANT.	Saisit des deux mains le levier de pointage.	S'accroche de la main droite à la tête de l'affût.	S'accroche de la main droite au bout de l'essieu.	Se porte entre les leviers de pointage pour aider à soulever la crosse pendant la marche.
EN RETRAITE.	Saisit de la main gauche le levier de pointage.	S'accroche de la main gauche au bout de l'essieu.	S'accroche de la main gauche à la crosse.	Se porte à la volée, place une main contre l'anse, l'autre sur le culier, pour aider au mouvement de la pièce.

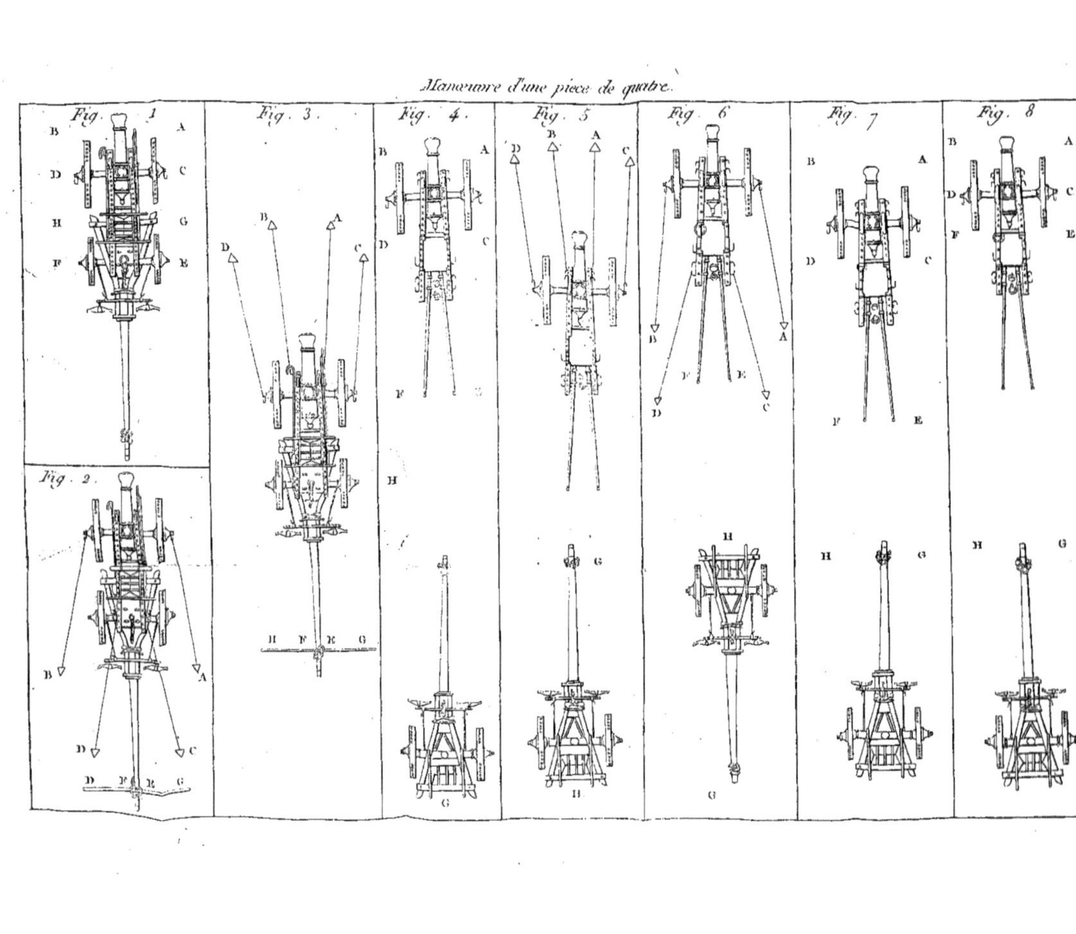

Manœuvre d'une pièce de quatre.
Fig. 1
Fig. 2
Fig. 3
Fig. 4
Fig. 5
Fig. 6
Fig. 7
Fig. 8

9 782019 139032